売り言葉は買うな！ビジネス交渉の必勝法

Build up Partners and Strategic Alliances

一色正彦＋高槻亮輔 著 Isshiki Masahiko and Takatsuki Ryosuke

日本経済新聞出版社

まえがき

1980年代後半頃、私はヨーロッパ各国の企業と交渉する日々を過ごしていた。日本企業が開発した技術の採用を彼らに提案していたのである。技術のレベル、価格など、商品価値には自信があり、その条件を前面に押し立てて交渉したが、なかなかうまくいかなかった。

そんな時、知り合いのある英国人に相談したところ、次のように言われた。「君たちは、商品にいかに価値があるか、という主張を中心に交渉している。しかし、相手は商品だけでなく、君たちがパートナーとして適格か否かを判断する交渉をしているのだ。英国人の例で言えば、手塩にかけて育てた植物に囲まれた自宅の庭に、他人が育てた植物を植えるかどうかを決めるようなものだ」

そう考えると交渉相手のいくつかの質問が思い出された。「なぜ、この技術を開発し、今後、何を目指しているのか」「なぜ、我が社に提案してきたのか」「この技術を採用した場合のリスクは何か、その場合には、どのような対応をしてくれるのか」などだ。彼らは、単に技術という商品の売り買いを交渉しているのではなく、パートナーとして適格か否かを交渉していたのだ。その後、交渉シナリオを一から練り直し、無事、Win-Win 関係となれる良きパートナーを見つけることができた。

米国ハーバード大学に交渉学研究所があり、交渉学という学問があることを知ったのもこの頃だった。当時、交渉前の作戦会議で、前述の英国人がいつも言っていたのは、「この交渉で何を目指すのかを考えること」「条件は点でなく、幅で設定すべき」「決裂した時のバックアッププランを決めておくべき」だった。

これらは、交渉学では、ミッション、ゾーパ、バトナとして解説されており、今でも私が交渉戦略を立案する時の基本である。他にも、実際の交渉戦略や戦術を解説した研究成果が数多く発表されており、大変刺激を受けた。

その後、企業の法務社員として、自らや仲間が経験した事例を後輩たちに伝えていたが、2003年、妹尾堅一郎先生（東京大学特任教授）を通じて、ハーバード大学で交渉学を学び、大学や企業で教えておられた田村次朗先生（慶應義塾大学法学部教授）とお会いした。そして、蓄積した事例を交渉学研究の視点で教材化し、日本人向けの教育プログラムを共同開発した。この成果が前著『ビジュアル解説　交渉学入門』である。良い機会をいただいたお2人には、深く感謝している。

交渉学研究には、論理学的側面と心理学的側面があるが、本書のタイトルに関連する「売り言葉に、買い言葉」は、もめ事や紛争で、お互いが攻撃的な心理状態になった状況だ。交渉では、冷静さが最も重要であり、感情的になり、売り言葉を買っても良いことはない。いかに論理的に事前準備をしても、冷静さを失うとその価値が活かせない。

しかし、交渉ではお互いの主張が食い違うのが通常であり、冷静さを失いやすい。私もかつては、どちらかと言えば、自己主張の強いパワーネゴシエーターだった。だが交渉学を学んだ後、交渉はインタラクティブな行為であり、自分の目標を達成したければ、相手のことを考える必要がある、という本質に気づいてから、自分の交渉スタイルを全く変えた。

交渉学に出合っていなければ、別の人生を歩んでいたかもしれないとさえ思っており、多くの方にその価値を共有してもらいたいと思っている。共著者の高槻亮輔氏は、ファイナンスの実務家であり、大学でも教鞭をとる専門家だ。リスクマネジメントの共同講師を端緒に、交渉学の分野にも参加していただき、私の研究と教育の良きパートナーである。本書は、さまざまなビジネスで活躍される方に、前著の導入編として読んでいただきたいと考えて執筆した。高槻亮輔氏との共著により、幅広いビジネス交渉の視点をカバーできたのではないかと思う。

さらに、交渉学研究を通じて知り合い、共に教育分野で活躍している仲間たちにも執筆に協力していただいた。

隅田浩司先生（東京富士大学経営学部准教授）は、前著の共著者であり、交渉学研究の第一人者である。本書では交渉学研究の視点から協力していただいた。大塚知彦氏（日本アイ・ビー・エム　システムズ・エンジニアリング　データプラットフォーム推進部マネージャー）は、ITサービス業界、三好陽介氏（日本電気　技術・知的財産渉外部マネージャー）は、知的財産業界、田中康之氏（TBSテレビ　メディアライツ推進部担当部長）は、コンテンツビジネス業界の交渉の実務家である。この3名の方は、第一線で活躍しながら、交渉学の研究や教育分野でも活動されており、それぞれの専門分野の視点から協力していただいた。

第1章「社内こそ交渉が必要だ！」では、社内調整と誤解しやすい社内交渉を取り上げ、交渉学の基礎について、具体例を挙げながら紹介した。第2章「ビジネス交渉は学び、そして練習することができる！」は、実際の交渉学の研修や授業の事例を交えて、学習する楽しさを紹介した。第3章「ビジネス交渉とは、契約交渉だ！」は、契約交渉の基本とタイプ別の交渉ポイントを解説した。最後に、第4章「受け身のクレーム交渉から、発展的展開へ！」は、交渉結果からいかに学ぶかについて、リスクマネジメントをキーワードに、仕組み作りやナレッジの伝承方法を紹介した。

執筆協力者の皆さんのおかげで43のエピソードを交えて具体例を紹介できた。ご協力に感謝している。また、横山勝氏（パナソニック電工　知的財産部 部長）には、交渉学の戦略的な活用法について、高い視点での示唆と良き機会をいただき、同社の知的財産部の皆さんに実際に活用していただいた。ここに深く感謝申し上げたい。

交渉の戦略性について、欧米が優れており、日本が劣っていると言う方もいるが、そうだろうか。日本人の戦略性は高く、近江商人の「三方よし」は、それを示す好例だ。しかし、日本では長く、交渉には研究された学問領域はなく、交渉はテクニックと経験により育成されるスキルだと誤解され、研究・教育があまり行われていなかった。

本書は、日々ビジネス交渉がうまくいかず悩んでいる方、交渉を研究した学問に興味のある方、このような皆さんに、交渉学を知り、学習し、そして、実際に活用してほしいと思い執筆した。本書が皆さんの交渉の成功確率を上げるためにお役に立てば幸いである。

2011年9月

一色　正彦

目次――売り言葉は買うな！ ビジネス交渉の必勝法

3 感想戦で学ぶ、相手の本音……126

ネタばらしから学ぶ相手の本音

第3章 ビジネス交渉とは、契約交渉だ！ 143

第4章 受け身のクレーム交渉から、発展的展開へ！

装幀◆斉藤よしのぶ
DTP◆リリーフ・システムズ

第1章

社内こそ交渉が必要だ!

1 ビジネスプランと交渉シーン

社内調整は交渉か？

皆さんは、ビジネス交渉は、社外の企業や団体のみが交渉相手だと考えていないだろうか。交渉のプロと言えば、弁護士が思い当たる。企業では、法務・知財部門、M&Aなどのプロジェクト部門、部課長などのマネジャー職、役員、社長などの経営者が、それぞれの役割を担って交渉している。しかし、企業で交渉する役割は、彼らだけなのだろうか。

筆者は企業研修で、受講者に交渉経験を聞くことがある。その時、必ず「私は、社内業務が担当なので、交渉というような経験はありません！」と答える方に出会う。社内業務の担当者は、本当にビジネス交渉をする機会はないのだろうか。

具体例を挙げて説明しよう。皆さんには、社内で次のような経験はないだろうか。

上司と部下の交渉シーン

この案件を担当してくれないか。
○○までに完了することが
条件だが、できるか？
わかりました。
しかし、できれば…。
上　司
部　下

エピソード1

部下は上司に交渉できるか？

上司と部下は、上下関係であり、部下から交渉するなんてとても……と考えていないだろうか。

次のような例を考えてみよう。たとえば、あなたが、上司から新しい業務を現在の業務に追加して担当できないか、と打診を受けたとしよう。新しい業務の担当は可能だが、いくつか希望する条件があった場合、上司と交渉することは可能だろうか。

打診とはいえ、上司からの要請であり、断ってしまうと他の業務に影響すると考えて、できるか、できないか、とYesかNoで判断してしまうかもしれない。しかし、そうすると〝二分法の罠〟に陥る。

二分法とは、「物事を白黒、善悪、正解・不正解というように二者択一で考えて、どちらかの選択肢を選ぼうという思考法」（田村次朗他、『ビジュアル解説　交渉学入門』、日本経済新聞出版社、２０１０年、42〜47ページ参照）である。

この場合、上司が新しい業務をあなたに担当してもらいたいのには、何か理由があるはずだ。また、あなたにも、希望する条件とその理由があるだろう。たとえば、上司は、組織全体のバランスやあなたの今後の可能性を考えて、現在の担当業務に加えて新たな担当を加えたいとしよう。一方、あなたは、新たな担当業務にベストを尽くすためには、他の業務とのバランスを取り、すでに優先して進めている案件を誰かにサポート、もしくは役割分担してほしい、としよう。

もし、そうであれば、上司の指示とあなたの希望との間にはズレが生じており、それを乗り越えるためには、上司との交渉が必要になる。

上司がなぜ、あなたにこの業務を担当してもらいたいと考えているのかを聞き、また、あなたがなぜ、希望する条件があるのかを説明し、交渉のうえ、お互いに納得できる合意点を見出すことは、十分可能だ。ならば、上司の要請であっても、交渉は可能である。

上司との交渉は、上司への反発であり、何か悪いことをしていると誤解することはない。もちろん、上司への質問方法、あなたの希望条件の説明方法には、配慮が必要だ。しかし、聞くべきことを聞き、言うべきことを言うことにより、お互いの納得性が高まり、上司と部下の関係がより良くなることも多い。

上司は部下を選べるが、部下は上司を選べないとよく言われる。「信頼関係が構築できない」「お互いにコミュニケーションできない」などの理由で、上司と部下が良好な関係でない場合、部下は他の選択肢を選べないのだろうか。

交渉して、双方のズレを乗り越えて、関係を改善する、という方法がベストである。しかし、それでもダメなら、同じ会社で他の組織に変わるという選択肢もある。他の部門の組織責任者や上司の上位者と交渉して、組織を異動するのである。企業によっては、部下が異動したい部門と直接交渉できる社内フリー・エージェント（ＦＡ）制度を持っているところもある。部下と上司の交渉は個人レベルの交渉だと考えているかもしれないが、社員と会社との交渉とも言えるのだ。また、ハードルが高くなるが、社内に他の選択肢がない場合、会社を移る転職も選択肢の一つである。ＦＡや転職など、希望順位が低い、難易度が高い、という条件があったとしても、複数の選択肢を考えることは、交渉において非常に大事である。部下が、上司には交渉できない！と限定的に考えているのは本人の意識の問題であり、交渉を戦略的に考え、視野を広く持てば、交渉は十分可能なのである。

エピソード2

評価面談では交渉できるか？

昇格や目標達成を評価する面談は、何度経験しても、いやなものだ。ところで、このような評価面談は、評価者が上位だから評価を受ける者から交渉するなんて……と考えていないだろうか。

次のような例を考えてみよう。あなたは、今期の目標達成度合いについて、上司に説明し、評価される面談を受けているとしよう。残念ながら、目標の80％しか達成できていない。このままでは未達成という評価を受けることになる（設定された目標は、数字のみとは限らないが、目標に対して達成率が決められており、それが80％であったとする）。もちろん、未達成は事実であり、交渉しても結果が変わるわけではない。しかし、単に、未

上司と部下の面談シーン

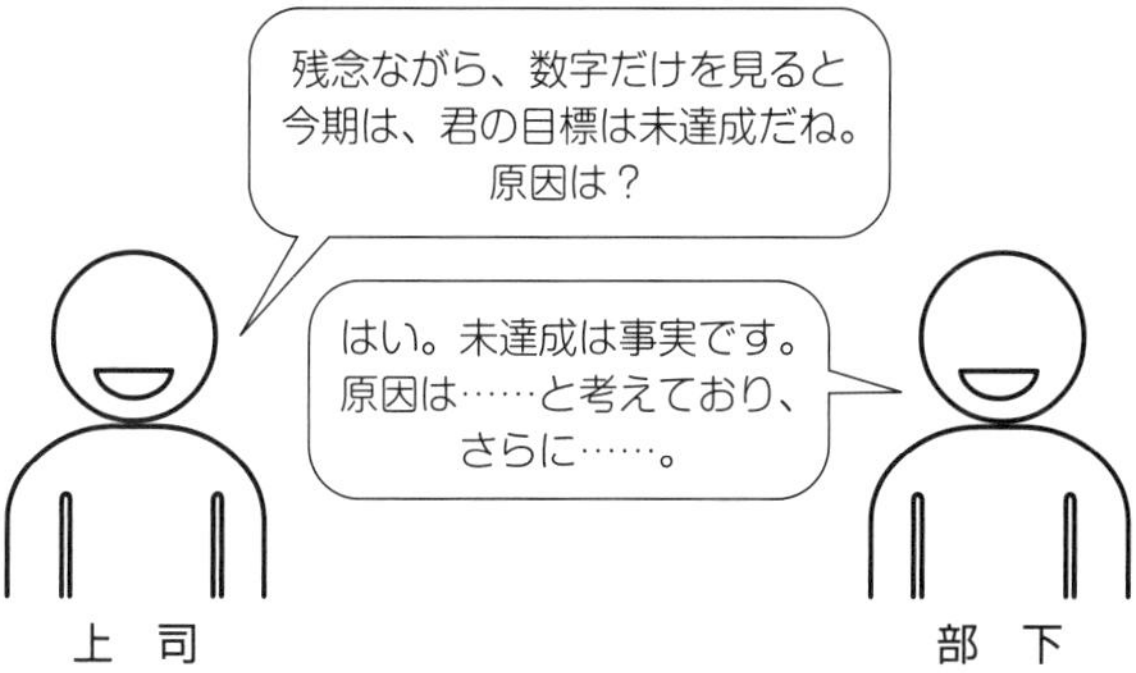
残念ながら、数字だけを見ると今期は、君の目標は未達成だね。原因は？
はい。未達成は事実です。原因は……と考えており、さらに……。
上司
部下

達成と評価されて終わるだけではなく、次につなげる交渉にすることはできないだろうか。

まず、目標を設定した段階に戻ってみよう。目標は、上司と相談し、合意のうえで設定したはずだ。また、その際に、上司があなたとこの目標で合意したのはなぜか、また組織は何を目指し、あなたはその中でどのような役割を担っていたのだろうか。

次に、上司の立場に立って考えてみよう。上司は、単に、目標未達成のあなたを低く評価したくて面談しているのだろうか。なぜ、未達成だったのか、あなたのみの責任にするには厳しい他の要因などがあり、配慮すべき点はないか、あなたが達成を目指して、どのようなプロセスを取ったかなどを詳しく知りたいはずだ。

そして、今回未達成の原因を共有し、仮に今回低く評価するしか選択肢がない場合でも、あなたの意欲を下げず、次につながる意識づけをしたいのではないか。あなたも、組織全体を考えて、あなたの目標が未達成であっても、同じ組織の同僚のために貢献できたこと、組織全体のために貢献できたことがあれば、大いに主張し、理解を求めるべきだ。評価の仕組みによるが、貢献ポイントが加わるかもしれない。

これらのプロセス全体を見れば、上司とあなたの間に条件のズレはあるが、それを乗り越えて、今回の結果が公平に評価され、さらに次の目標につなげる何らかの合意を目指すことは十分可能だ。そう考えると、評価面談でも交渉はできるのだ。

エピソード3

組織の壁は、交渉で越えられるか？

同じ会社の中に、複数の組織がある。同じ会社なのだから、共通の目的を持ち、それぞれの組織が役割分担し、一つの方向に向かって協力している……はずである。そうであれば、複数の組織は一枚岩で、お互いに対立や衝突は生じないので、交渉になることは少な

営業本部内の社内交渉シーン

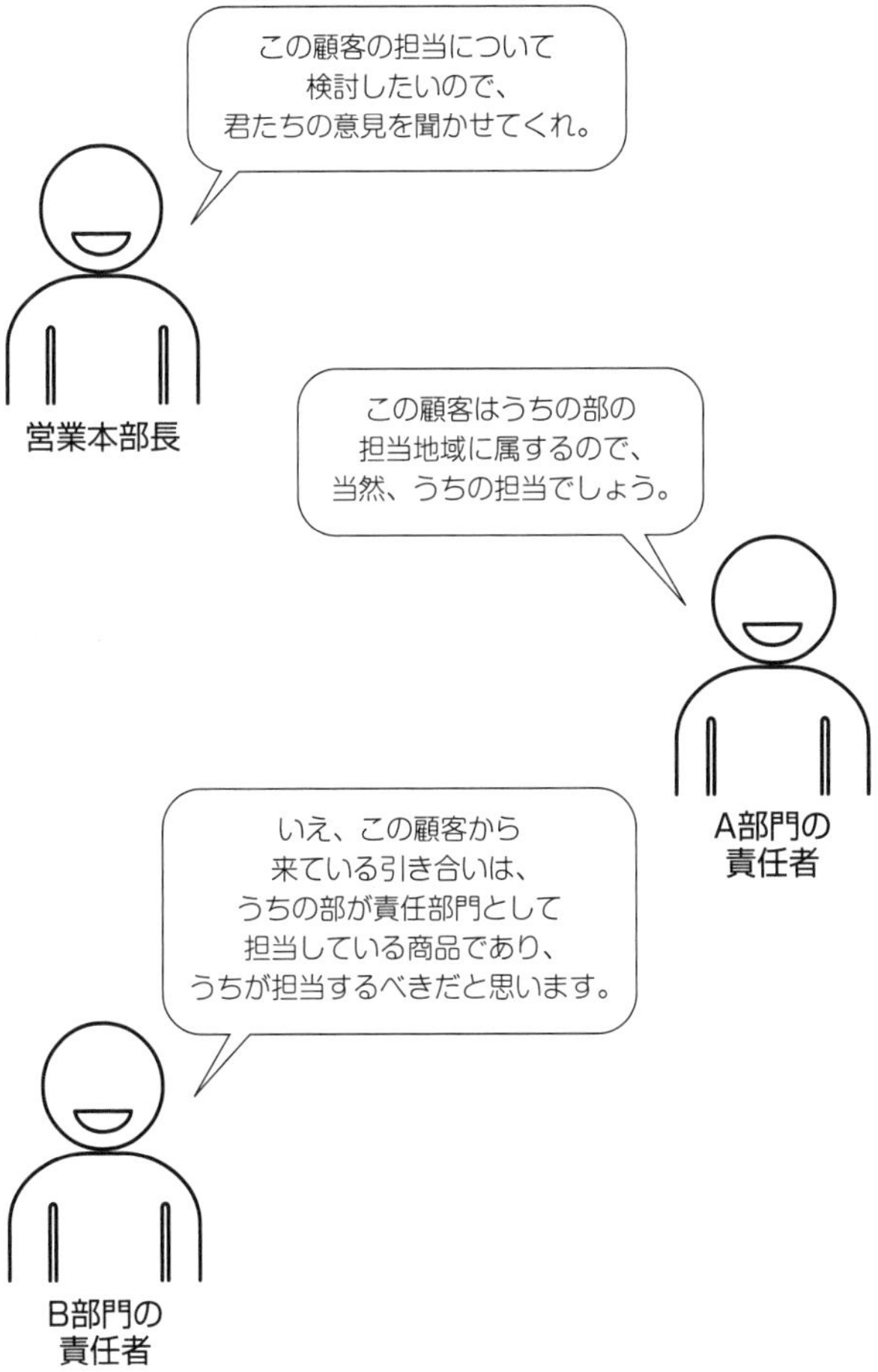
この顧客の担当について
検討したいので、
君たちの意見を聞かせてくれ。
営業本部長
この顧客はうちの部の
担当地域に属するので、
当然、うちの担当でしょう。
A部門の
責任者
いえ、この顧客から
来ている引き合いは、
うちの部が責任部門として
担当している商品であり、
うちが担当するべきだと思います。
B部門の
責任者

そうだ。

しかし残念ながら、現実はかなり異なることも多い。組織の間には、見えない壁があり、同じ目的を目指す仲間のはずなのに、対立や衝突が絶えない、ということが少なくない。

たとえば、次のような例を考えてみよう。お互いが切磋琢磨し、販売数字を争っている二つの営業部門がある。営業部門では、商品と地域を組み合わせたマトリクスで担当を決めていたが、そこに新規の有望顧客が現れ、どちらが担当しても良い条件なので、双方で争っている。両部門は、会社でいつも成績ナンバーワンを争うライバル部門であり、この有望顧客をぜひ担当し、さらに成績を伸ばしたいと考えている、というケースだ。部門の責任者は、過去の実績ややる気を営業本部長に主張し、なんとか自分の部門が担当して、営業成績を上げたいと思っているだろう。

ここで重要なのは、この顧客のために何が良い選択肢なのか、A部とB部の個別利害のみではなく、営業本部全体、ひいては会社全体にとって、何が良い選択肢なのかを考えることである。

会社全体が目指す目的があり、それぞれの部門に役割があり、それらを全体的に俯瞰して、何が良い選択肢かを当事者が議論して決めることが大切だ。

A部とB部は、個別最適を考えて、お互いに条件を奪い合うべきなのだろうか。営業本部全体の視点、さらに会社全体の視点から見れば、この有望顧客の満足度を上げながら、A部とB部が協力する方法はないのだろうか。A部とB部が利益分配を目指すのではなく、双方に価値があり、会社や営業本部全体の価値に貢献できる方法はないのだろうか。たとえば、商品提供はA部が行うが、サービスはB部が行い、顧客から受けた収益は案分するなど、納得できる役割分担に合意することは十分可能である。そうなれば、これも、交渉である。組織間の交渉は、同じ会社の中での交渉であり、所属者個人と個人の交渉ではなく、また、今回のみの交渉でもない。中長期的な視点で交渉することが重要なのである。

❖成功確率を上げるための交渉学

これらのエピソード（事例）から、皆さんもどれか一つは似たような経験を見つけられたのではないだろうか。これらは単なる社内調整であり、交渉とまでは言えないと思っていないだろうか。

交渉とは、

「複数の当事者の間に、利害関係などのズレ、対立・衝突（コンフリクト）という問題が発生し、それを乗り越えるために行う双方向コミュニケーションなどの問題解決のプロセスである」（ロジャー・フィッシャー他、『新版ハーバード流交渉術』、TBSブリタニカ、1998年、5〜6ページに基づき作成）

この基準から見れば、紹介した事例は交渉であると言える。そう考えれば、交渉の成功確率を上げるために調査研究された方法論が活用できる。

皆さんは、〝交渉学〟という学問をご存じだろうか。米国ハーバード大学のロジャー・フィッシャー教授が、1978年にスタートさせた調査研究に始まる学問である。1981年にその研究成果が日本にも紹介され、いわゆる〝ハーバード流交渉〟と呼ばれているので聞かれたことのある方も多いだろう。

日本では、ハーバード流交渉〝術〟と紹介されたせいか、米国人の交渉テクニックと誤解されているようであるが、決してそうではない。ハーバード大学には、交渉学研究所があり、米国のみならず、世界各国の交渉事例の調査研究を行っており、その成果を体系化した学問である。

交渉学は、実際の交渉事例を徹底的に分析し、成功確率を上げるための理論パターンを抽出した実践的な方法論だ。交渉学を用いた教育は、ハーバード大学のみならず、米国のロースクールやビジネススクールなどに広く普及しており、いずれも人気授業になっている。ロースクールでは、弁護士のような法律の専門家で交渉代理人を、ビジネススクールでは、ビジネスマネジャーで交渉力のあるリーダーを、公共政策大学院では、政治家や外交官など国を代表する外交の交渉者を、交渉学研究に基づき人材育成し、世に送り出している。最近では、日本の大学でも交渉学の研究や教育方法を利用したビジネス・シミュレーション形式の授業が行われるようになってきた。

たとえば、金沢工業大学では、主に社会人を対象とする大学院の国際標準化戦略プロフェッショナルコースで知的財産のプロ育成に、東京大学では、公共政策大学院、航空宇宙工学専攻、技術経営戦略学専攻で、ビジネス・シミュレーションの授業に活用され、大学院生の専門能力育成に活用されている。慶應義塾大学では、ビジネススクールはもちろん、学部生の教育にも活用されている。また、グローバル企業では、交渉力を社員の基本的な能力の一つとしてとらえ、交渉学を活用して計画的な育成が行われている例もある。

ハーバード大学交渉学研究所では、国家間の紛争という問題を、戦争という手段ではなく、交渉により解決する方法が研究された。つまり、交渉により戦わずして目的を達成するという、戦争が前提の戦術レベルではなく、戦争を行わずに目的を達成するところまで考える戦略レベルの研究と言える。

ところが、日本では交渉は戦術的なテクニックの一部としか理解されておらず、日本に有効な事例が多くあるにもかかわらず、あまり研究されてこなかった。そのため、大学などで、有効な学習機会が提供されていなかったのである。

"Win-Win"という言葉を聞いたことがあるだろう。複数の当事者が、互いに価値ある関係を作り、それが維持できている状態である。この言葉は、交渉学の研究から導き出されたキーワードだ。ビジネスの視点から見るとWin-Win関係は、企業同士が、いかに良いパートナーを見つけて、そのパートナーといかに長く良好な関係を維持できるか、と置き換えるとわかりやすい。ビジネスの交渉とは、良きパートナーを見つけ、Win-Winを実現するための方法論とも言える。

交渉学が米国のハーバード大学で研究されていると聞くと、日本人は交渉力が低く、欧米人は高いので、欧米流交渉を学んでいると誤解されることが多いが、そうではない。近江商人の〝三方よし〟という言葉をご存じだろうか。売主である近江商人は、買主のみならず、昨今必要性が高まっている企業の社会的責任（CSR：Corporate Social Responsibility）まで考えて〝世間よし〟を実現することを、鎌倉時代から経営理念としている（末永國紀、『近江商人三方よし経営に学ぶ』、ミネルヴァ書房、2011年参照）。

これは、驚くべき戦略的な交渉の発想である。日本人の交渉力は、決して低いものではない。ただし、交渉を単なる小手先のテクニックと誤解し、戦略的な発想が必要で具体的なケースからきちんと学ぶべきものである、との理解があまり浸透していなかったのは事実である。

残念ながら、ビジネスの世界でも、いまだに誤解している方は多い。〝売り言葉に買い言葉〟という言葉がある。相手の強い言葉に過剰反応して、感情的な対立が激化している状態だ。交渉は、冷静に行うことが重要であり、売り言葉を買っても良いことはない。特に、クレーム交渉のような場合には、冷静な対応が重要だ。交渉学を学んだ交渉者であれば、相手の売り言葉に感情的に反応し、売り言葉を買ったりすることはない。交渉は、学習により能力を向上させることができるものなのである。

❖ビジネス交渉と利益の全体構造

それでは、ビジネスプランを作る過程から、どのような交渉シーンがあるかを説明しよう。

永続的なビジネスをするためには利益の確保が必要である。したがって、ビジネス交渉は〝利益確保の交渉〟と言うこともできる。注意すべきは、目先の利益だけにとらわれてはいけない、ということである。

また、利益と一言で言っても、自社の利益だけでなく、取引先の利益も考える必要がある。完全に自社の利益だけを追求すると取引先が永続的なビジネスをできなくなり、結局、自社のビジネスの継続もできなくなってしまうのだ。そのため、双方に応分の利益の確保が必要なのである。

ここからパートナーシップという考え方が生じる。自社の利益は、今の利益（今回の取引による利益）と将来の利益（未実現だが今後実現する可能性のある利益）に分けられる。そして、今の利益も将来の利益も、数量×単価×取引条件に分けられる。これを取引先の利益も含めて図示すると図1のようになる。

図1　ビジネスと利益の関係図

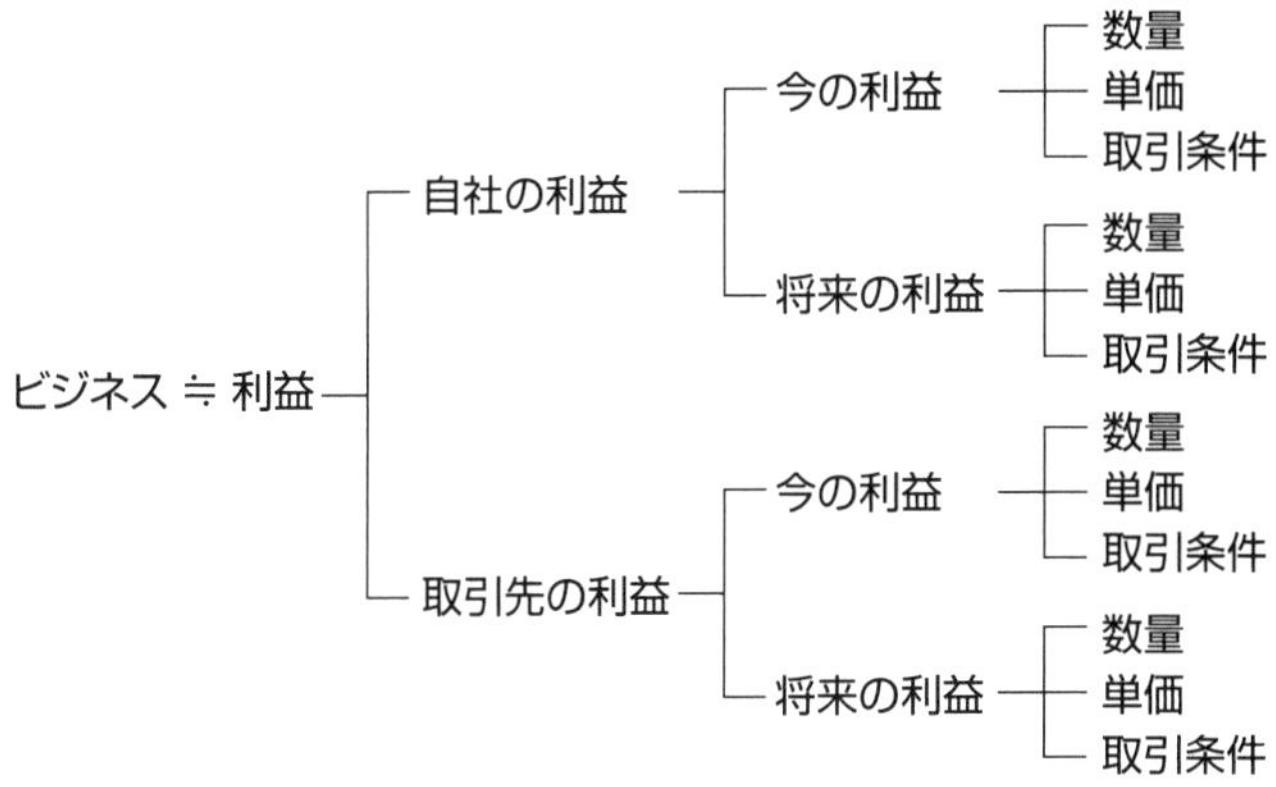

ビジネス交渉では、その時の交渉がどの部分の利益を対象にしているかを明確に認識する必要がある。さらに、利益の全体構造を俯瞰して、取引先の利益や将来の利益などにも目を配ることが大切である。まさに、〝三方よし〟の視点が必要なのだ。

注意したいのは、利益の全体構造は各構成要素の相互作用によって常に幅が変わるものだということだ。図1の枝分かれした先の各要素が最適であればよいというものではない。

たとえば、この相互作用については、次のようなパターンを考えてもらいたい。自社の今の利益を極大化すれば、取引先の今の利益は極小化し、それによって取引先の将来の利益も減少する。そうなると、取引先のビジネス基盤が弱くなり、結果として自社の将来の利益も減少する。つまり、自社の今の利益だけを考えると、結局、トータルで将来、自社の利益が減少してしまうことがあるのだ。

ビジネス交渉では、常に利益の全体構造を意識して、自社と相手との関係を考え、幅広い範囲を想定して交渉に臨む視点が大切だ。そうすれば、交渉相手との最適なパートナーシップを作ることができ、結局、自社の利益も長く続く可能性が高まる。

2 ビジネスパートナーには段階がある

Win-Win 関係は幻想か?

それでは、ビジネスのパートナーシップとは、どのような関係だろうか。Win-Win 関係は、机上の空論なのだろうか。すべての相手と Win-Win 関係になり得るのだろうか。そこで、売主と買主が売買取引を行うという典型的なビジネス交渉で、どのようなパートナーシップがあるかを見てみよう。以下は、エレクトロニクス業界での実例に基づいている。

その一 スポット取引でもパートナー! "Spot Partner"

スポット取引とは、単発の取引のことである。スポット取引なのにパートナーか、と思われるかもしれない。

スポット取引で Win-Lose と思える取引の典型が、キャッチセールスである。キャッチセールスとは、たとえば繁華街を歩いている時に、セールスパーソンが突然近づいて来て、ある商品のセールストークをしてくる。その商品の価値を過大に、時には虚偽を交えてセールスしてくる販売手法である。

買主は、最初はその気がないが、しつこく提案してくることに根負けしたり、うまいセールストークに乗せられ思わず買ってしまう。多くの場合は、買った後に後悔することになるのだが、その時には、しつこい売主は見当たらず、仕方なくあきらめてしまう。皆さんも、このような経験をしたことがあるだろう。

キャッチセールスには、買主をうまく乗せるためのマニュアルがあり、そのマニュアルには、買主が陥りやすい交渉心理の罠が書いてある。つまり、買主を心理テクニックで陥れる交渉術を使っている。

このような関係は、到底、Win-Winとは言えない。なぜなら買主は、たとえ一度はキャッチセールスから商品を買ったとしても、二度と買おうとは思わないからだ。また、友人や家族に紹介したり、勧めることもないだろう。また、一方売主も、同じ相手に二度と同じテクニックが通用しないことをよくわかっている。そのため、偶然、先ほどうまく商品を売りつけた買主が道を歩いていたら、避けて通ることになる。

ここで言うスポット取引パートナーとは、このような取引のことではない。たとえば、電子部品の売買取引でこのような例がある。テレビや携帯電話のようなエレクトロニクス製品には、数多くの電子部品が使われている。エレクトロニクス製品を製造・開発しているメーカー（完成品メーカー）は、電子部品を製造・開発している部品メーカー（部品メーカー）から購入している場合が多い。

電子部品には、カタログに掲載されて、同じ技術仕様（スペック）で多くの企業に使用されている標準部品がある。標準部品は、複数の企業から購入できるが、完成品メーカーにとっては、技術仕様を満たせばどの電子部品でもよいわけではない。微妙な技術仕様のマッチング、相手の会社や品質への信頼などを考慮し、一つの品番で複数の電子部品メーカーの製品をサンプルチェックし、必要な時はどこの部品メーカーのどの製品を買うかを決めて、エントリーしておくのだ。個々の売買取引は、ケースバイケースであり、スポット取引と言えるが、相手を絞りエントリーしておくことは、スポット取引とはいえ、パートナーの一つの段階であり、Spot Partner と言える。

その二 お互いの安定的な関係のためのパートナー！ “Stable Partner”

さらに、定期的に取引を行う、継続的、または、中長期的な契約関係にある場合は、次の段階のパートナーになる。これを安定的な関係のためのパートナーとして、“Stable Partner”と呼ぶ。

Spot Partnerとは、何が違うのだろうか。たとえば、次のような事例があった。あるエレクトロニクス製品が世界的に大ヒットし、世界中の部品メーカーで一斉に品不足が起こってしまった。どの完成品メーカーもなんとか部品を手に入れようと躍起になって部品メーカーと交渉するが、どこも生産が間に合わず、結局、市場では各社が予定した時期に完成品を販売開始できないという状態が続いた。

ところが、世界で一社だけ、新製品が予定通りに販売され、市場での部品不足の影響をほとんど受けていなかった完成品メーカーがあった。この完成品メーカーと他の完成品メーカーは、何が違ったのだろうか。この完成品メーカーは、部品メーカーを単なる調達先と考えておらず、パートナーと考えていた。そのため、お互いの安定的な関係を考慮し、さまざまなルールを決めた年間契約を締結しており、部品需要の急激な増大にも柔軟に対応できたのである。

　双方が安定的な関係になるためには、何が必要だろうか。いくつか例が考えられる。完成品メーカー側は、年間の購入計画を部品メーカーと共有する必要がある。部品メーカー側は、それに基づき、年間の生産計画を立てて、材料を仕入れておく必要がある。

　しかし、これだけでは安定的な関係にはならない。販売や景気に合わせて、完成品の必要数量は、当然、増減する。当初の計画からどのくらい増えても対応できるか、一方、どのくらい減っても対応できるかを双方が議論して、その時の対応ルールを決めておくのだ。

　また、パートナーとは、良い時のみならず、悪い時もその結果をシェアするのが本来の関係だ。たとえば、当初予定していた生産計画以上の電子部品が必要な場合、部品メーカーをサポートするため、完成品メーカーが生産ラインの増設に必要な費用の一部をシェアしたり、逆に、当初予定していた数量が不要となり、部品メーカーに在庫が残った場合、その在庫の維持費や転売費用の一部をシェアする方法がある。つまり、バリューとリスクをシェアするレベルの関係が本当のパートナーであり、安定的な関係を作ったStable Partnerと言える。

その三　お互いの戦略的な関係のためのパートナー！　“Strategic Partner”

さらに一歩踏み込んだパートナー関係がある。お互いの〝知〟を出し合い、新しい製品や技術を一緒に生み出すレベルまで組むケースだ。これを戦略的パートナー“Strategic Partner”と呼ぶ。

Stable Partnerよりどのように関係が深いのだろうか。Stable Partnerでは、交換される情報は、一般の秘密情報のレベルになる。たとえば、安定的な取引のためのパートナーでは、お互いの生産、販売目標などの数字や情報が共有される関係だ。Strategic Partnerとなると、さらに、秘密性の高い情報までシェアする関係になる。

たとえば、お互いのR＆D部門が新しく研究している最新技術や製品の技術情報まで共有するのだ。それにより、両社は何を実現しようとしているのだろうか。お互いに研究レベルの情報を共有し共同で新しい技術や製品を開発する、新しいビジネスモデルを構築し業界にそのモデルを実現するサービスの仕組みを作る、などが考えられる。メーカー同士が、人、物、金を出し合い、新しい会社を共同で設立する製造合弁会社もStrategic Partnerの一例である。

図2　段階的パートナー構図

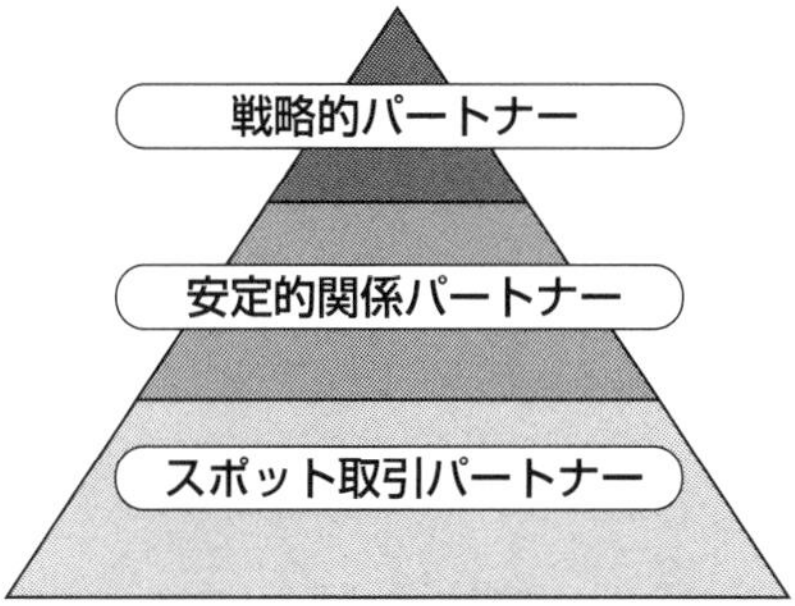
戦略的パートナー
安定的関係パートナー
スポット取引パートナー

この関係は、Stable Partnerより一歩踏み込んだバリューを生み出す可能性を秘めている。一方で、お互いに投資するお金や人、技術が増えるため、失敗やトラブルによるリスクも増大する。そのため、強いグリップ（握り）が必要となり、バリューとリスクをシェアする関係のレベルを深める必要がある。また、この関係を多くの相手と結ぶことは難しい。そのため、最初は、Spot Partnerから関係が始まり、段階的に、Stable Partnerを経て、Strategic Partnerに至ることも多い。実績を経て、段階を踏んだ関係の方が、グリップが強く、お互いにより良いパートナーシップを確立できるからだ。

それでは、業界ごとに、具体的なビジネスパートナーの事例を見てみよう。

エピソード4

メーカー同士の合弁会社は、戦略パートナー！

複数のメーカーが、人、物、金を注ぎ込んで一緒に会社を作る合弁会社は、戦略パートナーの典型例である。合弁会社には、いくつかの種類があるが、ここでは、二つのメーカーが、製品を製造する新会社を設立する製造合弁会社の例で考えてみよう。製造合弁会社を設立する時に、お互いにどのようなアジェンダ（協議項目）を交渉するのだろうか。たとえば、以下の項目について、お互いの条件が交渉される。

①出資比率

合弁会社を株式会社方式で設立する場合、出資比率は重要なアジェンダとなる。株主総会では、決議する内容によって、普通決議（委任状を含め、出席した株主の議決権の過半数で、役員の選任や解任などが決議される）と特別決議（委任状を含め、出席した株主の議決権の3分の2以上で、定款の変更、事業の譲渡や譲り受けなどが決議される）という手続きが法的に定められている。出資比率（正確には議決権比率）によって、株式会社に

2社間の交渉シーン

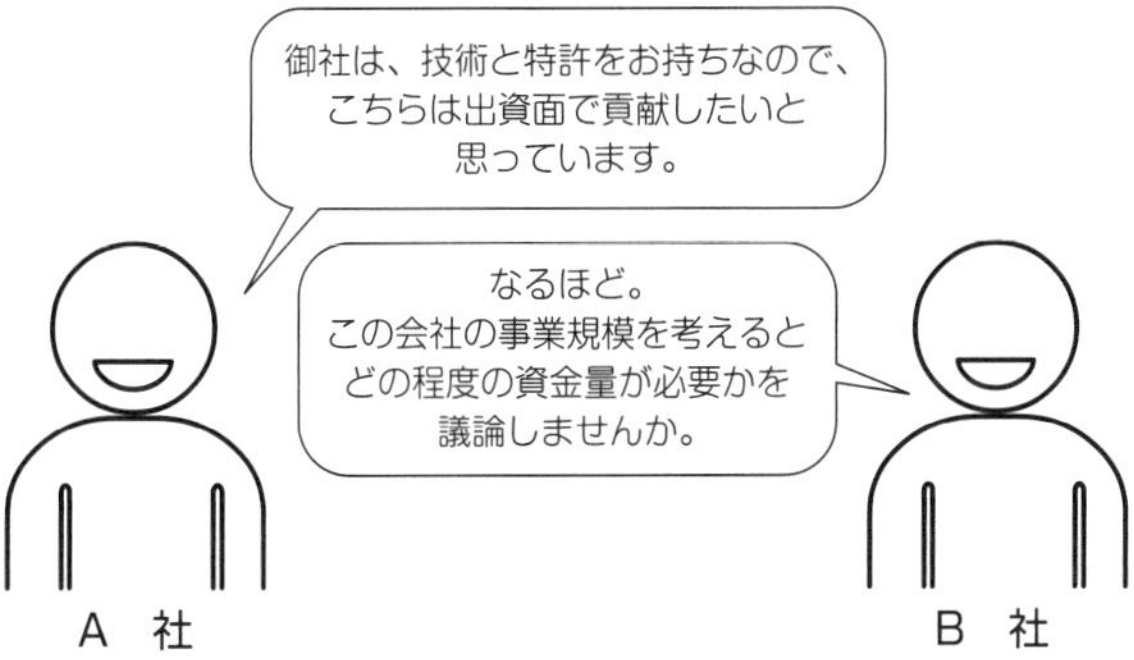
御社は、技術と特許をお持ちなので、
こちらは出資面で貢献したいと
思っています。
なるほど。
この会社の事業規模を考えると
どの程度の資金量が必要かを
議論しませんか。
A 社
B 社

おける最高意思決定機関である株主総会の判断が左右されることになる。そのため、出資比率の交渉は、合弁会社をどのように経営していくかを決める条件の交渉と言える。

②ブランド

ブランドについては、合弁会社の社名、合弁会社が生み出す製品やサービスの名前がアジェンダとなる。社名については、それぞれの元の社名を活かす方法、新しい社名にする方法など、いくつかの方法があるが、それぞれメリットとデメリットがある。たとえば、それぞれの親会社の社名を活かすと過去のブランドイメージの蓄積が活かせる半面、新鮮さに欠けることになる。一方、新しい社名にすると新鮮さは期待できるが、逆にブランドイメージが浸透していないので、ゼロから作り上げるための時間と費用を要する。製品やサービスも同様である。また、主要市場が日本国内か、日本からの輸出か、または、海外展開が中心かなどにより、いくつものパターンが考えられる。したがって、ブランドに関する交渉は、合弁会社が生み出す事業の方向性を決める交渉と言える。

③役員の構成

合弁会社が取締役会設置会社であった場合、法律上、取締役会は、3名以上の取締役で構成する必要がある。どちらの企業から、誰を取締役として合弁会社に出すか、親会社と兼務するのか、それとも専任にするのかなどがアジェンダとなる。取締役会では、会社経営における業務意思決定、代表取締役の選任などが行われる。そのため、取締役会の構成を決める交渉は、合弁会社の経営において、どちらが経営の主導権を握るかという交渉と言える。

他にも、合弁会社の事業内容により、技術開発やマーケティングの体制、特許権などの知的財産を生み出す場合には、その帰属や合弁会社解散後の処分方法などが、アジェンダとなる。これらは、それぞれが単独の項目としてだけでなく、組み合わせた条件として交渉される。そして、その判断の軸となるのは、新しく設立する合弁会社で何を実現したいか、というミッションである。

親会社の子会社として、利益や価値をそれぞれの親会社に貢献させることを優先するか、合弁会社が新しい会社として価値を生み出すことを優先するかにより、交渉の条件は変わってくる。別々の二つの会社が戦略的に提携するものであり、同床異夢であった場合は、不幸な結果になりかねない。特に、製造合弁会社の場合は、お互いの投資金額も大きくなり、複数年で、Strategic Partnerとして組める相手か否かを交渉するケースである。

エピソード5

投資家は、経営参画パートナー!

ベンチャー企業と、リスク・マネーを供給する立場の投資家（個人エンジェルやベンチャーキャピタルなど）との関係を見てみよう。

新しいビジネスにチャレンジするベンチャー企業は、相対的にリスクが高いと見なされている。そのため、事業資金の調達は銀行ではなく、政府系金融機関からの借入と株式発行による資本の調達になることが多い。このうち、資本の調達、すなわち株式を引き受けてもらう相手になるのが、個人エンジェルやベンチャーキャピタルなどの投資家である。個人エンジェルは、人生の先達として数々の助言を与えてくれたり、不足する資金の提供もしてくれる。しかし、そのベンチャー企業の経営実務からは距離を置いて、株主に徹するスタイルを取るケースが多い。一方、投資を事業として行っているベンチャーキャピタルの場合には、取締役や監査役を派遣するなど、むしろ積極的に経営実務に参画するスタイルを取るケースの方が多い。この事例は、ベンチャー企業とベンチャーキャピタルの交渉シーンである。

ベンチャーキャピタルは、外部の別の投資家の資金をファンドという形式で預かって、その資金をベンチャー企業に対する投資によって増やして、得られるキャピタルゲイン（資産価格の上昇による利益のこと）を返還するビジネスである。

そのため、出資した資金が企業成長に活用されず費消されたり、投資元本が目減り（毀損）するようなことが起きると、資金運用上の責任問題に発展する。それゆえに、投資元

２社間の交渉シーン

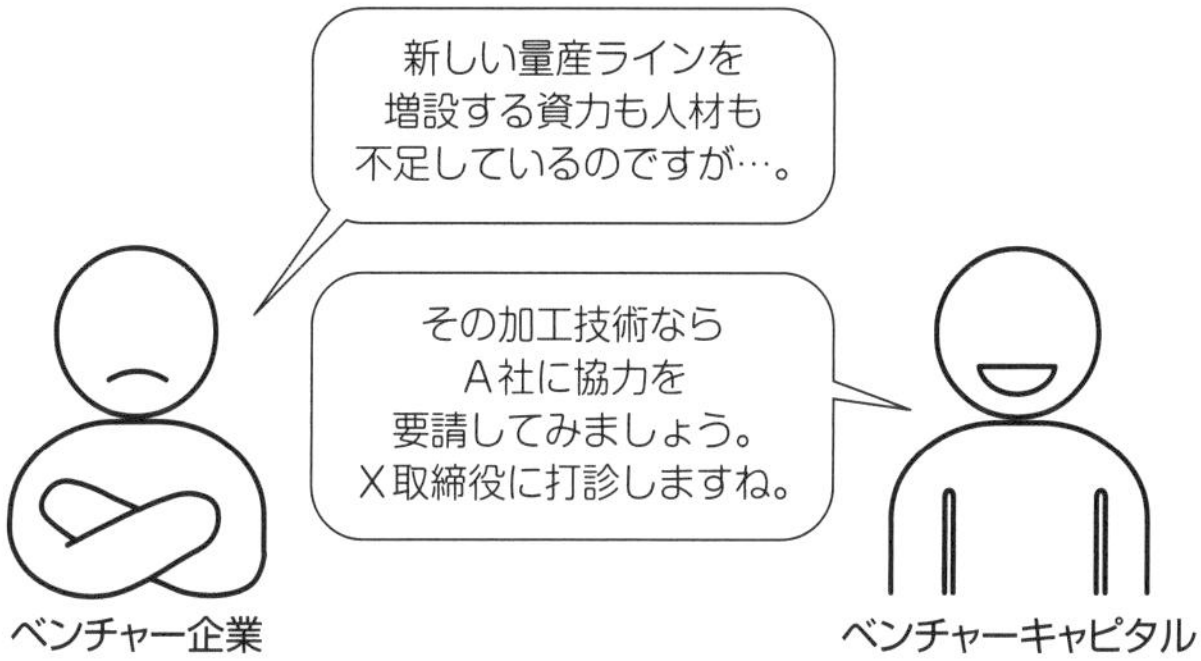
新しい量産ラインを
増設する資力も人材も
不足しているのですが…。
その加工技術なら
Ａ社に協力を
要請してみましょう。
Ｘ取締役に打診しますね。
ベンチャー企業
ベンチャーキャピタル

本が資金使途計画に即して企業成長に使われているか、事業の収支状況は適切であるかなど、いわゆる投資先管理のための情報収集が重要な業務になっている。

ベンチャー企業側は、こういった情報開示要請を受けているだけでは、管理のための作業が発生し、社内の貴重なリソースを、前向きな企業成長に振り向けられなくなってしまう。しかし、ベンチャーキャピタルは自社にない情報やビジネスネットワークを持っており、事業拡大のパートナーと考えれば、これほど身近で心強いパートナーはないのである。ベンチャーキャピタルは、株式などを引き受ける際に締結する投資契約の中で、取締役の派遣や取締役会への参画を規定することが多い。これをボードライツ、オブザベーションライツというが、これについて見てみよう。

①ボードライツ

ベンチャーキャピタルがファンドなどから出資をする場合には、新株引受や既存発行株式の譲渡契約と並行して、投資契約書が締結されることが多い。その中で取締役就任を条件とする条項をボードライツと言う。取締役会は、株式会社の経営意思決定機関であり、事業に関する最新の情報は取締役会で協議される。また、その時、代表取締役に任される範囲も協議される。ベンチャーキャピタルから見れば、試算表や資金繰予定表などの財務関係資料に基づき、経営状況を把握するよりも、取締役を派遣する方が速やかで正確に経営状況を把握できる。一方、ベンチャー企業から見れば、派遣された取締役であっても、法的には取締役会の一員であり、連帯して責任を取る立場である。自社内にはないビジネスネットワークや知見があるので、自社事業の発展のために積極的に活用すれば、パートナーシップを強固にできる。

②オブザベーションライツ

投資契約書の中で、取締役会に同席することを条件とする条項をオブザベーションライツと言う。同席のうえ、意見を述べることができるとする場合が多く、直接の経営意思決定には参画できないが、意見を述べることによって間接的に経営意思決定に影響を与えることができる。そのため、ベンチャーキャピタルにとっては、ボードライツ取得と同等の会社情報を把握できる。ベンチャーキャピタルからのオブザーバーも、取締役の場合と同様に、自社内にはないビジネスネットワークや知見があるので、最大限活用することにより、パートナーシップが強化される。

エピソード6

保険会社は、リスクシェアリング・パートナー!

保険は事業会社にとって、リスクマネジメントに必要な経営戦略の手法である。保険とは、将来生じるかもしれないリスクに対して、損害が生じた場合に補填してくれる制度である。

ビジネスにおいて、将来生じるかもしれないリスクをゼロにすることはできない。また、リスクのあるところにチャンスがある。そのためリスクを評価・分析し、できる限り客観的なデータとして把握して、発生頻度や損失金額を少なくしていこうというアプローチがリスクコントロールである。しかし、リスクの完全な統御は不可能であり、そのためにリスクに対する資金的手当てを積極的に手配しようとするアプローチが、リスクファイナンスである。この二つが両輪となっているのが、リスクマネジメントだ。保険は、リスクファイナンスにおけるリスクの保有や移転の有効な手法である。

たとえば、保険を、1億円の損害を1億円以下の保険料で負担してくれる保険会社との契約と考えると、事業会社にとって一方的に有利な取引に見える。

もし、できるだけ安い保険料負担で、できるだけ大きい損害の補填のみを保険会社と交渉したら、どうなるだろうか。もちろん、保険会社には、保険料以上の損害を負担し、必要なコストと利益を確保する方法があるだろう。この保険契約自体を保全するための保険(再保険)を掛けているかもしれない。しかし、それにも限界があるはずだ。保険会社には、理不尽な要求を受けてまでリスクを引き受けて、保険契約はしない、という選択肢もある。このような事業会社と保険会社は、Strategic Partnerとなることは可能なのだろうか。

2社間の交渉シーン

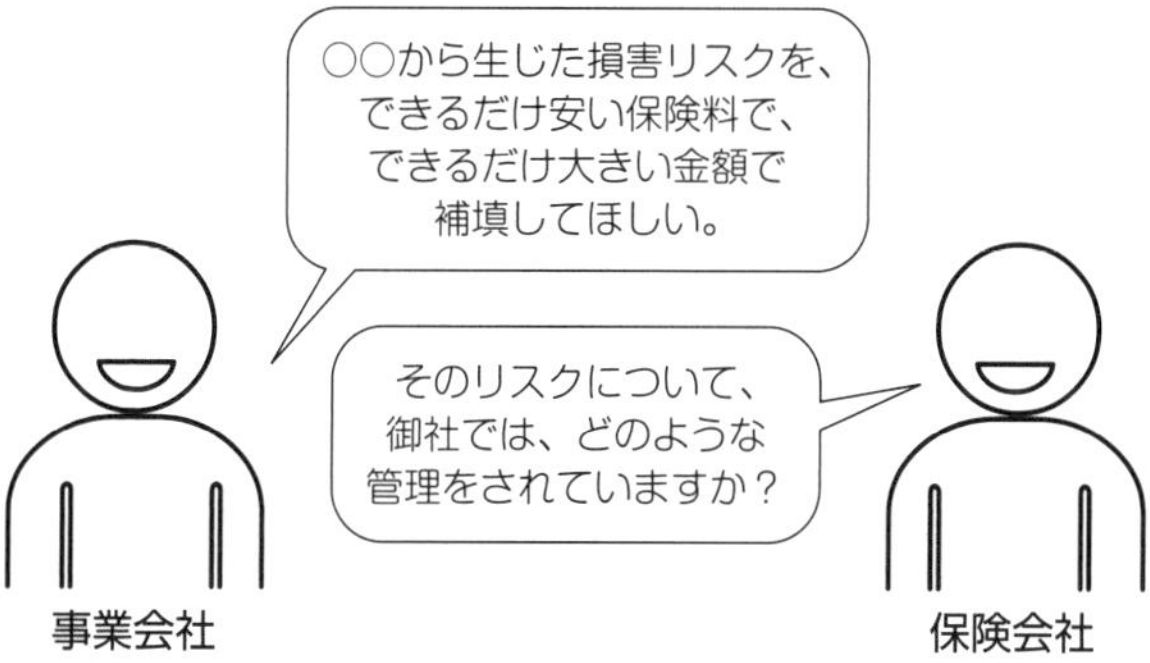
〇〇から生じた損害リスクを、できるだけ安い保険料で、できるだけ大きい金額で補填してほしい。
そのリスクについて、御社では、どのような管理をされていますか？
事業会社
保険会社

保険を含むリスクファイナンスは、あくまでも、事業会社がリスクコントロールを行っていることが前提である。事業会社はできる限りリスクを評価・分析しリスクコントロールを実施するが、それでもリスクの完全な統御は困難である。そうであれば、保険会社は、事業会社のリスクコントロールを評価し、事業会社は統御ができない部分を切り出し、保険会社とシェアする方法が考えられる。つまり、「リスクをシェアする」という考え方である。

保険会社は、事業会社のリスクコントロールを評価しながら、リスクファイナンスの専門能力を活かし、いろいろなオプション（選択肢）を提供し、保険契約を締結する。事業会社は、保険を含めたリスクファイナンスの手法を活用しながらも、自社が行うべきリスクコントロールは手を抜かないで実施する。この方法であれば、Strategic Partner の関係になることは可能である。

事業会社はリスクを乗り越えて事業を成功させたい、保険会社はリスクファイナンスの専門能力を活かし、事業会社の成功に貢献したい。しかし、リスクには不確実性があり、完全な統御は難しい。そうであれば、それぞれが専門能力を発揮し、リスクシェアリング・パートナーとなることも可能である。このような関係が構築できれば、事業会社と保険会社も、Strategic Partner の関係を作ることは可能だ。

❖関係性マップで整理

それでは、皆さんが、ビジネスの交渉で成功確率を上げるための具体的な方法論を紹介しよう。

まず、交渉で重要なことは、事前にきちんと交渉シナリオを準備することだ。準備8割、現場対応2割と考えてほしい。準備段階で有効なのは、交渉相手と自分との関係を図にして整理することだ。図や絵で情報を整理することを〝マップ化〟と言う。交渉シナリオ準備で、マップ化には、次の三つのメリットがある。

その一　バードアイが持てる

バードアイ、つまり、鳥の目である。鳥は、空から地上の全体を見渡せる。この鳥の目の視点が、バードアイである。マップを通して、全体像を見ることにより、木を見て森を見ず、という状態を避けることができる。バードアイは、交渉中も重要だが、まず、交渉前の段階での、自分と相手との関係、自分と相手がそれぞれその背景に持っている状況の整理、交渉前段階の不足情報の整理のために、高い位置から全体を見渡すことが重要である。

その二　情報がシェアできる

皆さんが、実際にビジネスの交渉を行う場合、一人で行う場合もあるだろうが、同僚や上司と一緒に行うことも多いだろう。また、一人で行う場合も、事前に関係部門と相談したり、上司に報告や相談をするだろう。その時に、交渉シナリオがマップ化できていれば、全体が概観でき、必要な情報が関係者でシェアできる。

その三 オプションが増える

さらに重要なことは、オプション（選択肢）が増えることである。交渉力を測る統一的な基準があるわけではないが、交渉のプロや上級交渉者は、交渉シナリオの段階で、すでにオプションの数や種類が非常に多い。事前に3個しかオプションが考えられない交渉と10個以上のオプションが考えられる交渉では、たとえ、結果が同じであったとしても、意味が違う。特に、Win-Win関係の継続を目指すのであれば、オプションが多いことは、スタート時点のみならず、関係を維持し更新する期間、不幸にも終結する時、これらのいずれの段階で問題が発生した場合でも、解決できる可能性が高くなる。マップ化はこのようなオプションを増やすためにも非常に有効である。

交渉シナリオのマップ化には、いくつかのお勧めの方法がある。一つは、交渉マトリクス整理である。（田村次朗他、『ビジュアル解説　交渉学入門』、日本経済新聞出版社、2010年、63～71ページ参照）。この方法では、ウィング型で交渉の関係当事者をマップ化している。次に、英国の教育者トニー・ブザンが開発した創造的な思考技術「マインドマップ」（トニー・ブザン他、『ザ・マインドマップ』、ダイヤモンド社、2005年）だ。さらに、英国国立ランカスター大学ピーター・チェックランド名誉教授が開発した「リッチ・ピクチャー」（ピーター・チェックランド他、『ソフト・システムズ方法論』、有斐閣、1994年）という方法もある。

ここでは、リッチ・ピクチャーの考え方をベースに作成した交渉シナリオのマップサンプルを紹介する。このマップは、筆者が大学院の授業で行った模擬交渉用ケース教材から、交渉学の受講者（竹本和広氏、たかおIPワークス代表）が実際に作成したものをベースにしている。次ページ以降で、この図の作成方法を具体的に説明しよう。

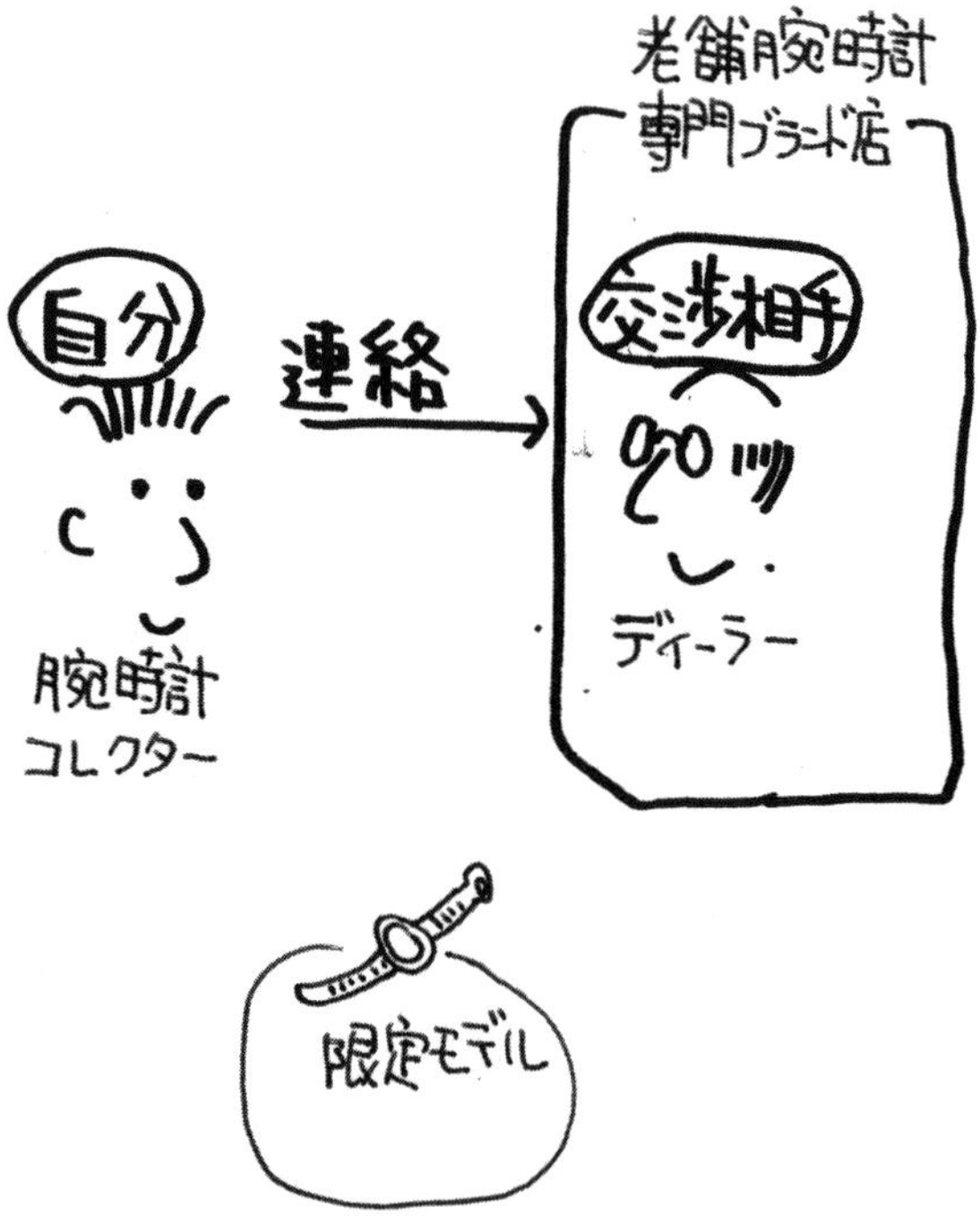

ステップ１：交渉当事者間の関係性を描く

マップ化には、①視点（どの位置に中心を置くか）、②視野（その中心からどの方向を見るか）、③視座（何を軸に考えるか）の三つが重要である。まず、最初に自分の位置を決め、そこを中心に、交渉当事者間の関係性を書いてみよう。

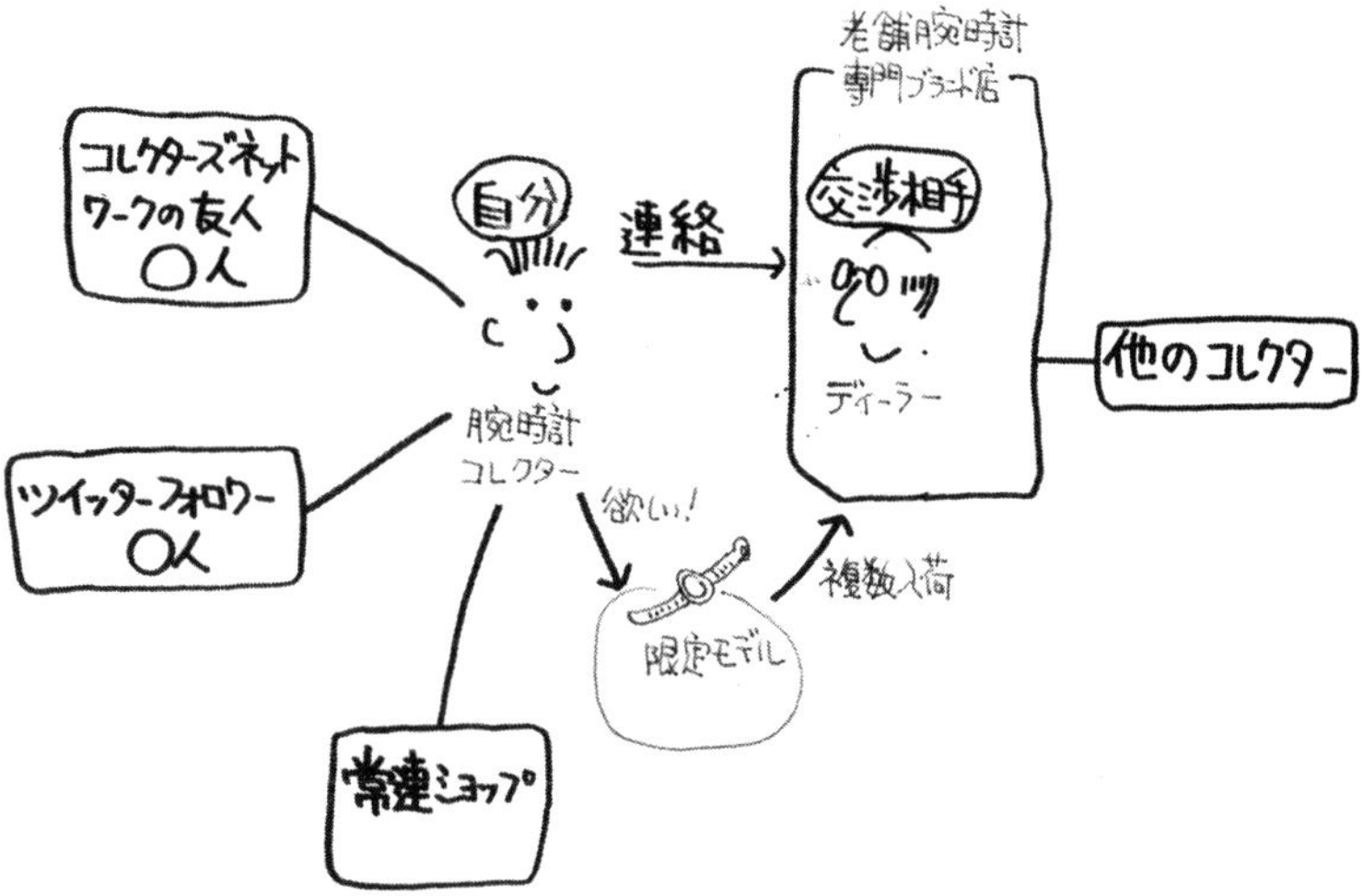

ステップ2：交渉当事者間のステークホルダーを描く

次に、自分を中心にして、周りに関係の深い当事者（ステークホルダー、株主、債権者、顧客など）などの関係者を描き込んでいく。交渉相手の背景に何があるかなど、シナリオ作成の時点でわからない場合は、空白の箱に「？」と描いておくだけでもよい。

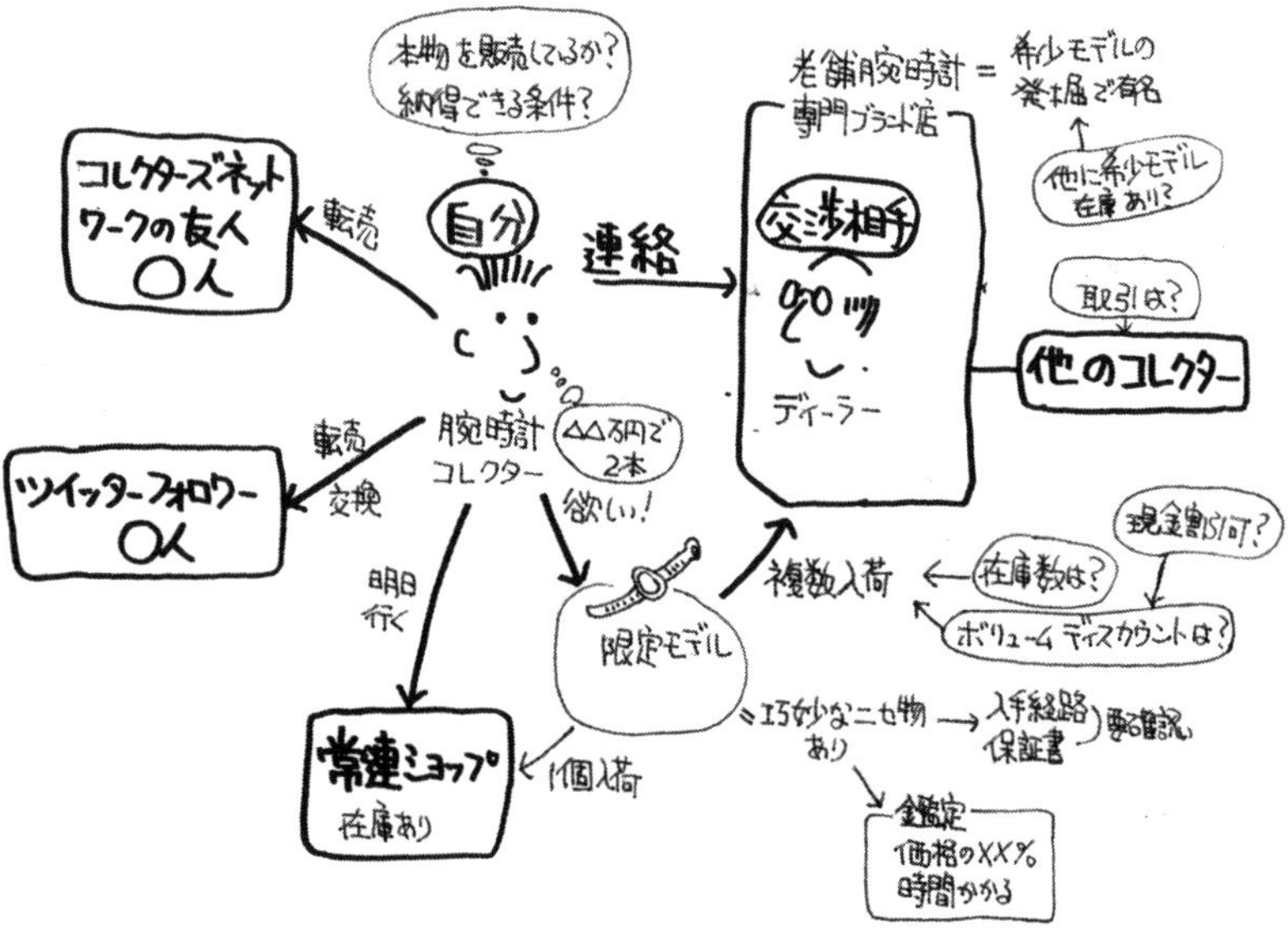

ステップ３：条件、疑問点、交渉シナリオを描き込む

関係者に関する情報を、シナリオ作成時点でわかる範囲で記載する。空白の箱「？」には、予想した内容を描き込んでもよい。情報には、いくつかの種類があるが、①事実（ただし証拠があり証明できる情報と証明できない情報）、②推定・推論（事実ではないが一定の根拠があり、筋の通る説明ができる情報）、③希望・思い（証拠や根拠はないが、こうあってほしい、これを望むという情報）は、色を分けるなど、わかりやすくしておくとなおよい。

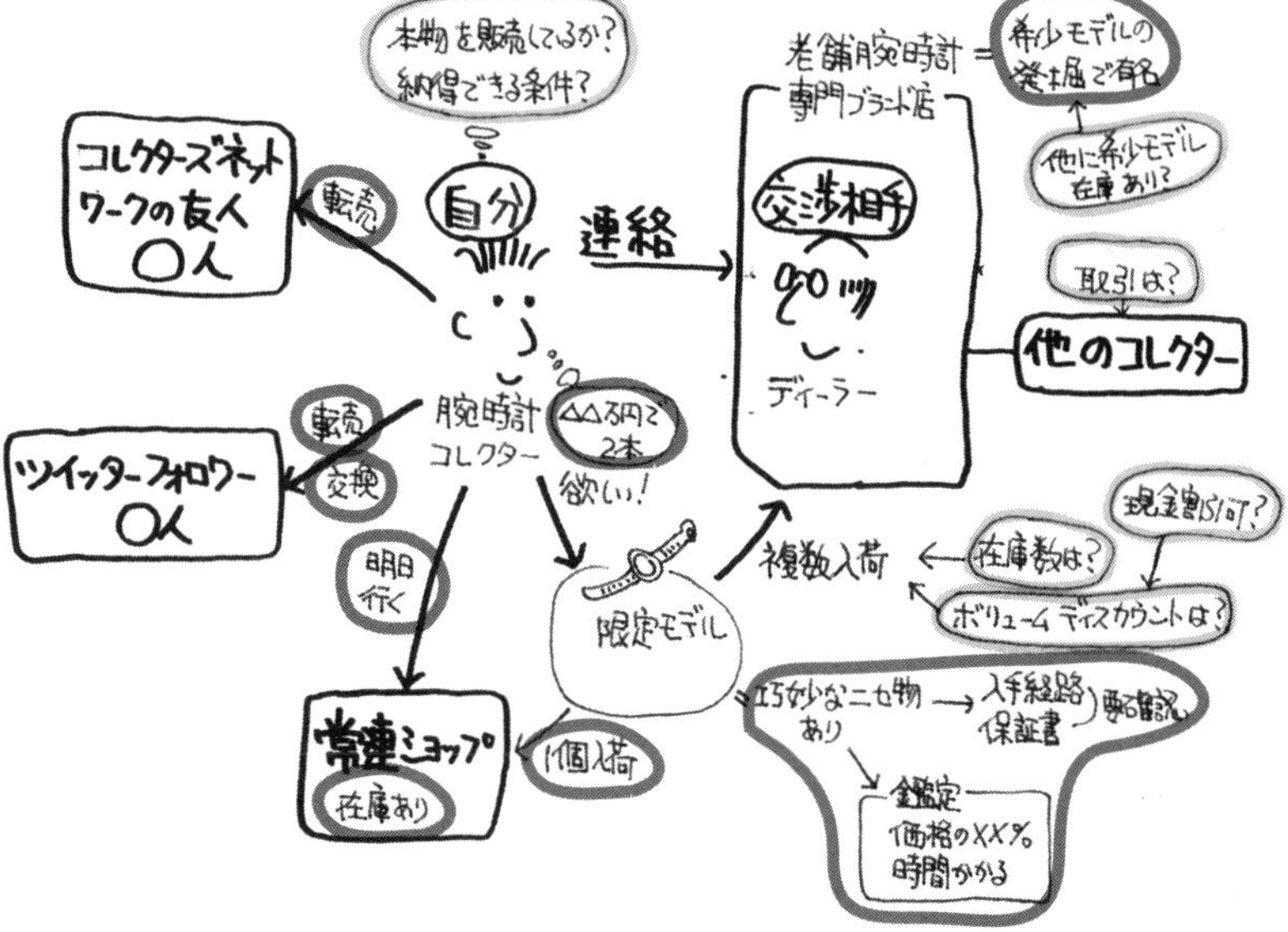
本物を販売してるか？
納得できる条件？
自分
コレクターズネットワークの友人
○人
転売
連絡
老舗腕時計専門ブランド店
希少モデルの発掘で有名
他に希少モデル在庫あり？
交渉相手
ディーラー
取引は？
他のコレクター
腕時計コレクター
△△万円で2本欲しい！
転売
交換
ツイッターフォロワー
○人
明日行く
限定モデル
複数入荷
在庫数は？
現金割引可？
ボリュームディスカウントは？
巧妙なニセ物あり
入手経路
保証書
要確認
鑑定
価格のXX%
時間かかる
常連ショップ
在庫あり
1個入荷

マップ化の効用の一つは、関係性が図式化されていることである。キーワードや矢印、点線など、工夫して、これまで記載した内容の関係性、疑問点がある場合は「?」などの記号を書いておく。最後に、これらを踏まえて、交渉シナリオまで記載すれば、マップが交渉作戦シートとなる。

交渉シナリオ作成のポイントは、ミッション、ゾーパ、バトナの三つであるが、それをマップ中にメモしておくとわかりやすい。この三つはのちほど説明する。

そして、これらを何度も繰り返すのである。技術部門、知財部門、マーケティング部門、デザイン部門などの方であれば、通常の業務で使用している方法があるだろう。自分が整理しやすい方法であれば、どの方法でも結構である。交渉シナリオ作成の段階で、マップ化して、全体像をつかむことが重要なのである。なお、このマップは、事前準備のみではなく、交渉中の進行状況のレビューやブレスト型交渉(本書エピソード20参照)、交渉後の結果レビューにも活用できる。

❖事前準備のフレームワーク

次に、新しい顧客に新商品を買ってもらうための売買取引の交渉をする売主の立場で、マップを作成し、交渉シナリオを考えてみよう。

その一　交渉で何を実現したいかを決める（Mission、ミッション）

売買取引の交渉では、どうしても、売主はいかに良い条件で売るか、買主はいかに良い条件で買うか、に着目してしまう。

しかし原点に戻れば、なぜ売主はその商品をこの買主に売りたいのだろうか、また、なぜ買主はその商品をこの売主から買いたいのだろうか。売主と買主は、商品の売買により実現したい〝何か〟があるはずである。その何かを実現することが交渉本来の目的であるはずである。

合意は、交渉の手段であり、目的ではない。合意の先にあるビジネスの成功や利益など、売主と買主がそれぞれに交渉で実現したい〝何か〟があるはずだ。交渉学では、これをミッションと呼んでいる。ミッションは、交渉において、最も重要な要素である。なぜなら、ビジネスパートナーとして、交渉相手と組むか否かを判断する〝軸〟となるものだからだ。

ところが、企業の研修や大学の授業を通して、多くの学習者が最初に当たる壁が、このミッションの設定である。売買取引の交渉では、どうしても売主はいかに高く売るか、買主はいかに安く買うかを目指してしまう。交渉により、何が実現できるのかを忘れてしまいやすい。


売主の立場では、「買主に商品を購入してもらい、使ってもらうことで、買主が○○の価値を生み出し、そのことで、売主も△△の価値を生み出す」というミッションが設定できる。買主も同様だ。このミッションがお互いに実現できれば、Win-Win関係になる。

ミッションには、中長期的な視点や継続的な視点が必要である。自分は交渉で何を実現したいかをじっくり考えて、文章にしてみてほしい。最初は、単なる単語、たとえば中長期的なパートナーを確保したい、というレベルからでもよいが、相手と自分との交渉で何を実現したいかを文章化すると理解が深まるので、お勧めだ。

その二 最高と最低の二段構えの目標を決める（ZOPA、ゾーパ）

ミッションは上位概念であり、それを具体化するためには、数値を含む目標設定が必要である。その目標は、一つではなく、最高と最低の二段構えで決めるのがポイントだ。

交渉の目的は、ミッションの実現である。そのためには、目標の具体化とともに、条件に幅を持たせることが重要である。この幅をゾーパ（ZOPA：Zone of Possible Agreement、交渉可能領域）と呼ぶ。ゾーパは、価格を中心として、それ以外は付帯条件とする考え方、交渉相手が最高と最低の目標を決めて交渉する場合、お互いの幅が重なる箇所（Positive Bargaining Zone、合意可能範囲）を対象とする考え方もあるが、ここでは、もっと広い視点でゾーパを考えてみよう。

ビジネスの交渉において、売買取引であっても、買主と売主は価格のみで決定しているのだろうか。

QDCS（Quality：品質、Delivery：納期、入手性、Cost：価格、Service：サービス）という言葉をご存じだろうか。メーカーが製品を評価する指標の一つである。たとえば、メーカーが製品を購入する場合、価格はもちろんだが、品質、納期、サービスなどを総合的に判断するのが通常だ。価格は重要事項だが、価格が最優先に判断されているかと言えばそうとも言えない。品質のレベル、納期の安定性やサービスのバリューが、価格を上回る価値であることも少なくない。そう考えるとゾーパの設定は、価格のみではなく、複数の要素を組み合わせて設定する必要がある。

ここで重要なことは、最高と最低の目標を考えて、必ず幅を持たせて設定することだ。点と点の交渉では、交渉可能領域がどうしても狭くなり、ミッションを実現できる可能性が低くなる。ミッションを実現するという基準を軸に幅を持たせて設定するのが、ゾーパのポイントである。

その三 合意できない場合のオプションを決める（BATNA、バトナ）

交渉相手とミッションが実現でき、Win-Win関係になれればベストである。しかし、ビジネスの世界では、容易にそのようなパートナーが見つかるわけではない。また、今一つ不満が残るが、そこそこの条件で合意して……としてしまうとパートナー関係がスタートした後に、関係が維持できなくなったり、問題が発生すると簡単に関係が解消してしまうリスクが残る。
お互いに徹底して交渉し、納得して、パートナー関係に入るのがベストである。そのためには、交渉している相手とミッションが実現できない場合に備えておく必要がある。これがバトナ（BATNA：Best Alternative to a Negotiated Agreement、合意できない場合の代替案、No Deal Optionという言い方もある）である。バトナは、ハーバード大学の交渉学研究の最大の発見の一つと言われているほど重要である。交渉のプロや上級者の中には、バトナが設定できなければ交渉を開始しない、と言い切る者もいる。

これから初めて会う相手と交渉し、パートナー関係を作ろうとしている段階で、この相手とダメな場合を想定するのは失礼だ！と考える方もいるだろう。

しかし、本当にそうだろうか。相手が提示してきた条件、納得して組めるかどうかの判断、これらを考えるとバトナがあることにより、双方の交渉条件の価値を冷静に評価できる。また、交渉中は、特殊な緊張状態にあり、思わず交渉心理の罠に陥りやすいが、バトナを持っておくことで、心に余裕を持って交渉できる。バトナは、交渉シナリオ作成には欠かせないと覚えておいてほしい。

3 社外交渉に備える

ミッションの共有

交渉で実現したい〝ミッション〟を設定し、実現のための具体的な条件として〝ゾーパ〟を決め、代替選択肢として〝バトナ〟を設定する――交渉シナリオはこの順番で設定しないとダメなのだろうか。

そんなことはない。模擬交渉の受講者を見ているといくつかのパターンが見られる。マネジャークラス以上の受講者は、ミッションから設定する受講者が多い。三つのキーワードの説明を聞いた後、「ミッションが一番腹落ちした。交渉では、ミッションと言うのか！」というコメントを何度も聞いたことがある。この方たちは、日頃から戦略的な発想で経営や業務を進められているのだろう。そのため、交渉におけるミッションの意味が共有できている。

ミッションの設定には、バードアイのような高い視点からの戦略的な発想が求められる。

そのため、学生、キャリアの浅い社会人には難しいことも多い。その場合は、ゾーパの設定から開始してもよい。まず、最高の目標を設定する。そして、次に、最高の目標を相手が受け入れてくれたら、何が実現できるのかを考えるのである。最高の目標の先にあるもの、それがミッションだからだ。そして、ミッションを実現するための最低ラインを最低の目標に設定する。バトナの設定は重要だが、最後でよい。

なお、リスクマネジメントの専門家や法務・知財や経理部門などリスク感性の高い受講者の中には、ミッション設定の後、最低の目標を決め、先にバトナを決める方もいる。最低ラインを確保してから、上位を狙うシナリオを考えているのである。これも有効な方法の一つである。

それでは、これらの条件は、交渉の中でどのように扱うのがよいのだろうか。やはり重要なのは、交渉の軸になるミッションである。ミッションなき交渉は、不毛なたたき合いになりやすい。一方、交渉相手のミッションが、自分のミッションとかけ離れていた場合、お互いが納得できる合意を見出すことは難しい。

そこで必要なのが、ミッションの共有である。ビジネス交渉の多くは、視点の置き方次第でパートナー交渉ととらえることができる。そのため、交渉相手とミッションが共有できるのである。ミッションの共有は、交渉の具体的な条件を詰める前に行うのが効果的だ。なぜなら、早い段階で共有しておけば、その後の交渉条件を判断する時の基準となるからだ。

交渉シナリオに正解の方法があるわけではなく、ミッションの共有から始めないと不正解というわけではない。しかし、交渉の初期段階で、ミッションの共有が十分にできていない場合、具体的な条件交渉になった時に、不毛なたたき合いや表面的な議論になるリスクがある。

また、ビジネス交渉では、どうしても社外の交渉相手のことばかりが気になるが、社内でも交渉が必要である。たとえば、あなたの部門が実現したいある会社との提携話があったとしよう。その交渉で必要な予算は、経理部門の承認が必要な場合、事前に経理部門と交渉して、予算枠を確保しておく必要がある。あなたの部門にとって価値ある提携でも、隣の部門にとっては、ライバル部門を持つ相手であり、敵対的行為と思われるかもしれない。そうであれば、隣の部門とも事前に交渉し、できれば提携に賛成してもらう、少なくとも、中立的立場になってくれるように交渉しておく必要がある。

❖個別、事前交渉を有効活用

　このように、交渉する自分を真ん中に見ると、前に交渉相手がいるが、後ろにも社内の交渉相手がおり、周りにも関係者が存在しているのである。社内の交渉相手とミッションが共有できていないと交渉を前に進めることができないどころか、突然、味方だと思っていた社内からの反対により、交渉が頓挫する、という不幸なことにもなりかねない。

　皆さんは、社内の個別交渉や事前交渉と言えば、いわゆる〝根回し〟を想像するかもしれない。根回しと言えば、あまり良い印象を持たない方もいると思うが、個別交渉や事前交渉は、交渉戦略上、重要な方法論の一つである。

　社内で交渉のミッションを共有し、個別最適に陥りやすい条件を事前に関係部門と個々に交渉し、全体最適を目指して行う根回しは、戦略的な取り組みである。また、交渉相手が複数いる場合にも、個別、事前交渉は多数派形成などに有効活用できる方法である。社内交渉の場合には、多数の関係者がいることが通常であり、その意味でも必要性が高い。

　社内だから、当然、理解は共通、それぞれの部門は、事前に決めた役割通りに動くはずだ、という希望的観測のみで会社の組織が動くわけではない。会社全体で見れば一つの方向に向かっていても、それぞれの部門が異なる道を進もうとしているかもしれない。会社のためにと思って行う交渉が、他の部門から理解されないどころか、敵対行為と誤解されることもある。

これらのリスクは、個別交渉、事前交渉を有効活用することにより軽減できる。個別交渉、事前交渉でも、交渉の事前準備の方法論は同じだ。社内交渉を単なる趣旨説明、社内調整と軽く考えず、相手と自分との間にある問題を解決する交渉だと考えて、準備して臨む必要がある。

❖交渉心理の罠に備える

皆さんも経験があると思うが、交渉中は微妙な緊張状態にある。お互いに何か問題が生じ、それを解決したいと思ってその場にいること、また、いかに周到に相手を調査しても、事前に交渉シナリオを準備しても、相手は想定外の反応をしたり、予定外の条件を出してくるものである。

そのため、交渉中には普段と異なり、心理的な罠に掛かることが多い。交渉学の研究は、

「論理学」と「心理学」の二本が柱になっている（ゲーム理論や認知社会心理学の研究がベース。ロジャー・フィッシャー、ダニエル・シャピロ、『新ハーバード流交渉術』、講談社、2006年参照）。

論理学的側面は、事前準備のフレームワークなどだ。一方、心理学的側面は、交渉中に陥りやすい心理の罠の研究だ。特に、心理テクニックは、相手に掛けるためではなく、事前に知って、回避する、封印する、対抗するなどの方法論として有効である。それでは、交渉中に陥りやすい典型的な心理の罠を具体的に説明しよう。

エピソード7

交渉心理の罠①「価格以外でも陥るアンカリングの罠」

売買交渉は、皆さんの身近に最も多い交渉シーンだろう。そして、売買交渉でカギを握るのは、価格交渉である。しかし、いきなり価格から交渉するとアンカリングの罠に掛かりやすい。

あなたが売主で、見積書を持って、初めての買主に商品の購入を提案に行ったとしよう。

買主が、あなたの見積書を見たとたん「貴社より15％以上安い金額を提示している会社もあります。もっと、安くなりませんか？」と言ったら、あなたはどうするだろうか。「我が社も安い金額を提示しなければ、取引できないかもしれない」と考えていないだろうか。これがアンカリングに掛かった状態である。

アンカリングとは、「ある一定の数値などを提示されると、それを基準に判断してしまう」交渉中の心理状態のことである。アンカーは、船の碇《いかり》のことである。船は碇を下ろすと動かなくなる。このことから、ある基準を提示された時、この基準を無条件に受け入れて意思決定してしまう状態をアンカリングというのである（田村次朗他、『ビジュアル解説交渉学入門』、日本経済新聞出版社、2010年、19～21ページ参照）。このアンカリングは、価格など数字が提示されると掛かりやすいが、それ以外の要素でも掛かる場合がある。たとえば、左の図の場合である。

この場合、売主のあなたには、いくつかの疑問があるだろう。なぜ、見積書の中から、納期が選択されたのか、なぜ標準納期の半分の期間なのか、などいくつも質問すべきことが出てくる。また、保証したことに対応できなかった場合には、ペナルティーがあるのか、

売買取引の交渉シーン

納期について、見積もり条件の標準納期から、
弊社には半分の期間でも対応してくれることを
保証できませんか？　そうすれば、
今後、悪いようにはしませんので。
わかりました！　それでは、
対応させていただきますので、
ぜひご購入ください。
買　主
売　主

納期を短くするために、早めに注文を出す、見込情報を共有するなど、買主側に協力してもらうことは可能なのかなど、受け入れるとしても、条件交渉が必要なはずだ。

しかし、「悪いようにはしない」という曖昧な言葉を信じて、すぐに条件に応じてしまうと価格のアンカリングと同じことになる。この買主は、それなら、数量変更の時期も、など次々に見積もり条件を変えようと交渉してくるかもしれない。なぜなら、納期の変更要望に対して、質問も条件も出さずに簡単に承諾するのであれば、もともと、見積もり条件にはかなり余裕があり、どんどん交渉しても大丈夫、と思われてしまう可能性があるからだ。

売買取引の交渉では、価格に限らず、納期、数量のような一定の数値を提示する時、または、相手から要望する数字を提示されて検討する時は、なぜ、その数字なのか、この段階で交渉すべきなのかをよく考える必要がある。

交渉の初期段階に提示されるわかりやすい数字は、お互いに気になり、それ以外の条件を交渉する可能性を低くしてしまう。わかりやすい数字を提示する時は、どのタイミングで提示するか、どのような表現で提示するかを考えてほしい。数字はわかりやすいが、逆に単純化して理解されるリスクがある。アンカリングに掛かると数字ばかりが気になり、他の選択肢を議論する可能性を狭めてしまう。アンカリングの罠を避けて数字を扱う方法を考えることが重要だ。

エピソード8

交渉心理の罠② 「基本合意で掛かる合意バイアス」

交渉では、「そこそこ高めの条件を提示して、相手の顔色をうかがい、落とし所を探るのが得策だ!」と言われることがある。あなたは、顧客に交渉に行く前に、上司からこのような指示を受けたことはないだろうか。または、「任せるので、なんとか取りまとめてこい」と期待とプレッシャーを掛けられて、交渉に送り出されたことはないだろうか。

交渉の目的は合意ではなく、合意は目標達成の手段である。交渉の初期段階は、相手に自分や自分の会社と提示条件の理解を求めたり、また相手や相手の会社を理解しようとする重要な段階である。その時に、最初から落とし所探しから始めるべきだろうか。

この心理の背景には、なんとか交渉で合意しないといけないというプレッシャーが交渉者に掛かっていることが多い。このような交渉中の心理状態を〝合意バイアス（依存症）〟という。相手の提示を拒否すると合意できないのではないかと不安になり、合意することのみに着目してしまうのである。この心理は、不合意のイメージを悪くとらえた場合に掛かりやすい（田村次朗他、『ビジュアル解説　交渉学入門』、日本経済新聞出版社、2010年、55〜58ページ参照）。

合意バイアスは、上司の指示など評価者からのメッセージで掛かることが多いのだが、交渉相手からの言葉で掛かってしまうこともある。たとえば、次のページの図のような場合である。

1対1の交渉シーン

これから交渉を始めようとする段階で、いきなり「基本的に進める」とはどういうことだろうか。この交渉者（Ａさん）は、最初に曖昧な合意を取り付け、何が合意かはっきりしないが相手（Ｂさん）にＹｅｓと言わせてしまう。さらに踏み込んで、本格的な条件交渉の前に、「これでお互いに基本合意という理解でよろしいですね」と確認しておく。そして、その後、微妙な条件や厳しい条件に相手がＮｏと言うと、「最初に一緒に進めるという理解と確認しましたが、なぜですか！」、または、「基本合意という確認ができているはずですが、ご破算にするのですか！」などと相手がＮｏと言えないようなプレッシャーや罪悪感を持たせることを狙っている。最初に曖昧な合意をさせておくことにより、相手に合意バイアスという

罠を仕掛けているのである。

この戦術を封印するには、冷静に対応するのが一番だ。相手は、こちらを思わぬ落とし穴に入れようとしているのだが、こちらが冷静に対処すれば十分対応可能だ。

もし、自分が冷静さを欠いたと思った時は、ブレイク（本書エピソード18参照）を入れるとよい。ブレイクは、自分のみならず、相手も冷静にする有効な手段である。コーヒーブレイクやスモーキングブレイクなど、事前にいくつか自然にブレイクを取れる方法を準備しておくと心強い（田村次朗他、『ビジュアル解説　交渉学入門』、日本経済新聞出版社、2010年、137〜140ページ参照）。備えておけば、十分対抗できる。

エピソード9

交渉心理の罠③「隠れたバッドコップに騙されるな」

グッドコップ、バッドコップと呼ばれる戦術がある。二人または、それ以上で交渉チームを組み、相手方に敵対的な態度を示す役と同情的な態度を示す役をあらかじめ決めておき、それぞれが役割を演じながら、交渉相手を揺さぶるのである（Good Cop、Bad

1対1の交渉シーン

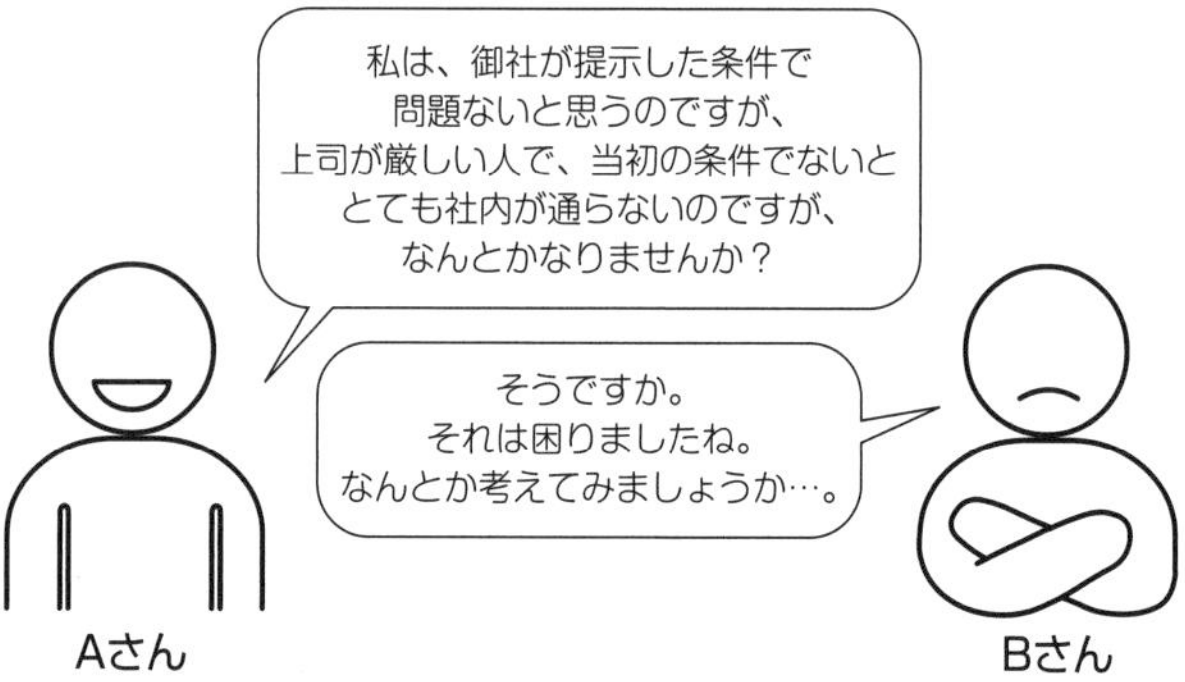
私は、御社が提示した条件で
問題ないと思うのですが、
上司が厳しい人で、当初の条件でないと
とても社内が通らないのですが、
なんとかなりませんか？
そうですか。
それは困りましたね。
なんとか考えてみましょうか…。
Aさん
Bさん

Cop、もしくは、Good Guy-Bad Guy Routine、田村次朗他、『ビジュアル解説 交渉学入門』、日本経済新聞出版社、2010年、90ページ参照）。

刑事ドラマで犯人に自白させるための戦術としてよく出てくるが、ビジネス交渉でもよく見られるので、注意が必要だ。ここでは、バッドコップを意図的に隠してグッドコップを演じるケースについて紹介しよう。

グッドコップは、バッドコップを意図的に悪者にして、自分の意のままに交渉相手を操ろうと考えていることが多い。上の事例は、バッドコップ役が交渉シーンに登場しておらず、隠れているところに注意が必要だ。上司を悪者にしているが、本当に上司がそう言っているとは限らない。厳しい人であることを理由にしているが、バッドコップ役に悪役を押し付けて、結局、自分を味方と信じ込ませ、希望する条件をのませようとしているだけなのだ。

上司以外にも、法務、知財、経理部門などの管理部門をバッドコップにする交渉もよく見られる。バッドコップ役が厳しく見えるため、グッドコップ役が提示する条件が、実際以上によく見えてしまうのだ。グッドコップ役が味方なのではなく、そう演じているだけだ。この戦術も、冷静に対処すれば難しくはないが、思わず掛かってしまうので注意が必要だ。

エピソード10

交渉心理の罠④「ブラフは、本当に有効か？」

皆さんは、交渉で相手にブラフを掛けられたことはないだろうか。ブラフとは、真実ではないことについて断言したり、確信した立場を取ったりする戦術である（田村次朗、『交渉の戦略　思考プロセスと実践スキル』、ダイヤモンド社、2004年、187〜188ページ参照）。この戦術は、キャッチセールスなどにもよく用いるが、危険な方法である。

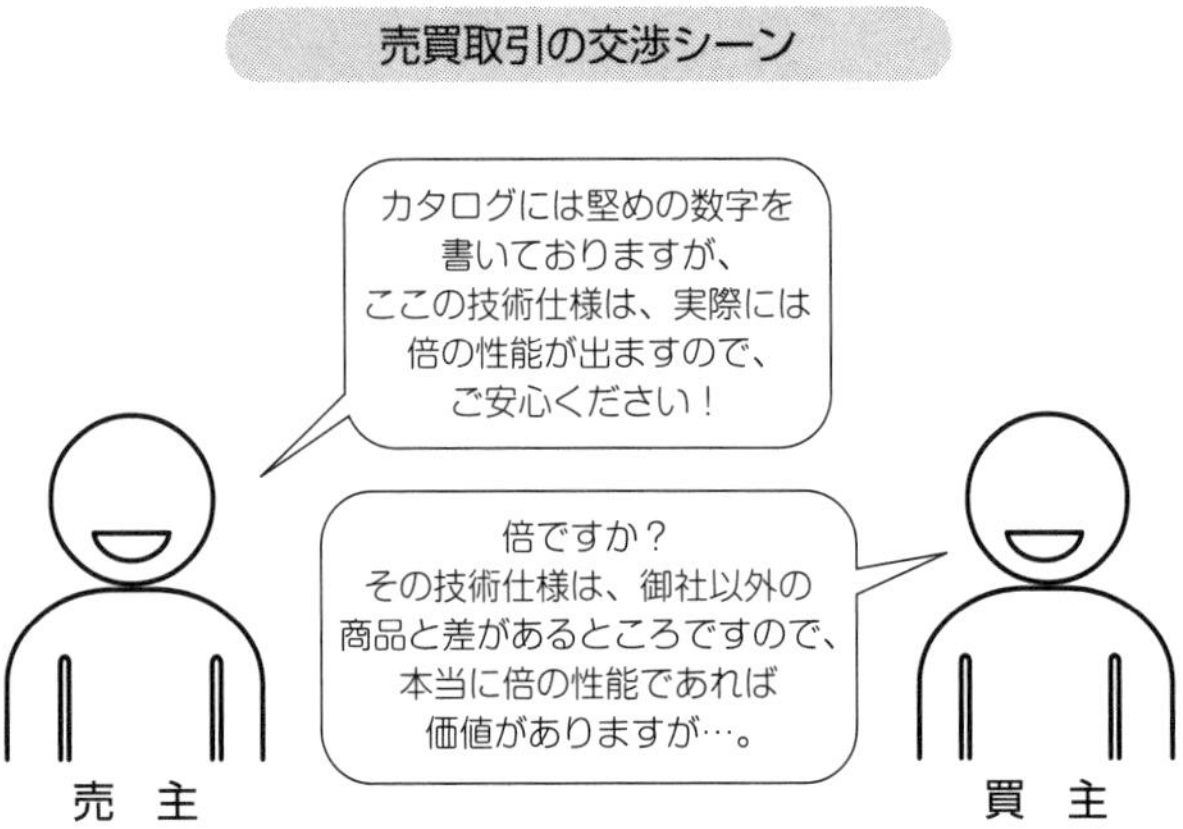
売買取引の交渉シーン
カタログには堅めの数字を書いておりますが、ここの技術仕様は、実際には倍の性能が出ますので、ご安心ください！
倍ですか？その技術仕様は、御社以外の商品と差があるところですので、本当に倍の性能であれば価値がありますが…。
売 主
買 主

価格のブラフも多いが、ビジネス交渉では、論点となる条件のブラフもある。

もし、ブラフが嘘であった場合、買主は最初に信じて商品を買ったとしても、嘘とわかった時点で売主にクレームを出すだろう。売主は、口約束だから、保証値はカタログの数字だ、と言って逃げるかもしれない。

買主は、このような売主から商品を買い続けるだろうか。ブラフは嘘ではないが、かなり誇張されたものであった場合も、同様だろう。中長期的な関係を作ろうとする交渉で、ブラフを用いることは、かなりのリスクがある。また、嘘や誇張した技術仕様が、もし商品の安全性に関する性能であった場合、製造物責任（ＰＬ責任）の問題にまで発展するリスクがある。

価格交渉の際に、最初はかなり高めでブラフを掛けて、だんだん下げて落とし所を探し、というスタイルの交渉者もいる。この交渉スタイルでは、最初の価格より後の価格が実際以上に安く見えるので、合意しやすいと考えているのだが、本当にそうだろうか。

相手が冷静な交渉者であれば、単に、最初の価格の基準がおかしい、またはこの交渉者は価格以外にもこのようなスタイルを取るので、他の条件にも慎重に対処しようと考えるだろう。商品の技術仕様でブラフを掛けた場合も同様である。Win-Win関係を目指すのであれば、ブラフを掛けることは、リスクのかなり高い方法であると思ってほしい。


さて、皆さん、いかがだっただろうか。あなたも、交渉中に思わず陥っていた、そう言えば交渉相手がこんなテクニックを使っていた、と思い当たるものがあったのではないだろうか。ご紹介した交渉心理の罠は、ほんの一例である（田村次朗、『交渉の戦略　思考プロセスと実践スキル』、ダイヤモンド社、２００４年、付録「交渉戦術と対処法」参照）。

これらの交渉心理の罠に付け込むようなテクニックは、Win-Win関係を目指すビジネスの交渉とどのような関係にあるだろうか。

あなたが、交渉相手とWin-Winの関係を目指して交渉している時、相手がこれらの心理テクニックを用いてきたらどう思うだろうか。これらのテクニックは、知っていれば容易に使え、逆に簡単に封印できる。交渉のプロや上級者同士では、このレベルの心理テクニックではないところで交渉し、組める相手か否かを判断するので、安易に用いたりしない。あなたが、思わず相手の心理テクニックの罠にはまった場合、後で「しまった」と思うだろう。そして、自分にこのようなテクニックを使ってきた相手に、あまり良い印象は持たないはずだ。あなたが心理テクニックを用いた場合も、相手は同じことを思うことだろう。

これらの心理テクニックを使うか否かは、交渉者の判断だが、Win-Winの関係を目指すのであればリスクを考え慎重であるべきだ。一方、すべての相手とWin-Winになれるわけではない。また、パートナーになれなかった相手は、今後、強力なライバルになる可能性もある。お互いに、今回の交渉相手とは決裂し、バトナを選択することもあるだろう。中長期のパートナーを目指して交渉したが、いずれかが、そこまでは望まないというギャップが生じることもあるだろう。

そのような場合、交渉相手が心理テクニックを用いて、自分に有利な状況を残す交渉をしてくるかもしれない。そのためにも、事前に学習し封印する方法や対抗する方法を備えておく必要がある。心理テクニックは、事前に知識として知って備えておくことが最も重要なのである。

第2章

ビジネス交渉は学び、そして練習することができる!

1 論理的に考え、心理的な罠に備える事前準備

ステップ1 論理的に準備する

交渉力を育成する方法として、最も著名な方法が、ロール・シミュレーションと呼ばれる模擬交渉である。もともとは、ハーバード大学ロースクールで行われていた模擬裁判が起源のようだ。難しく考える必要はない。模擬交渉という〝交渉ゲーム〟だと思ってほしい。

ここでは、最も基本的な1対1の模擬交渉について紹介する。最初に、交渉の事前準備を行う。受講者には2種類のシートが渡される。一つは交渉相手も同じ情報を持っている「共通情報」、もう一つは交渉相手が知らないが、交渉上必要な秘密情報が書いてある「個別情報」である。1対1の模擬交渉では、「個別情報」はたとえば売買交渉であれば、売

主側と買主側の都合2種類あることになる。講師からその情報の読み方と活用方法、交渉シナリオの作り方について講義を受けて、各自が配布された「事前準備シート」に記載された事前準備のフレームワークに基づき作戦を準備する。

ステップ2 作戦会議でオプションを増やす

次に「作戦会議」を行う。1対1の模擬交渉では、チームで交渉するわけではなく、各自が独自の交渉シナリオを作る。交渉シナリオの戦略性を向上させるためには、幅広く、創造的な選択肢が必要となる。交渉学では、創造的選択肢のことを〝クリエイティブ・オプション〟と呼んでいる（田村次朗他、『ビジュアル解説　交渉学入門』、日本経済新聞出版社、２０１０年、34～39ページ参照）。

この作戦会議では、「個別情報」を持つ者同士、各自が立てた交渉シナリオを聞き、自らの交渉シナリオと比較しレビューするとともに、良いアイディアを膨らませるのである。最終的に、どのような交渉シナリオにするかは、各自の判断に任されている。しかし、自分が考える選択肢には限界があり、他の受講者との議論から選択肢が膨らんでくる。自分では見えていなかった視点や選択肢、自分の条件と相手の条件がうまく組み合わさったクリエイティブ・オプションに気が付くかもしれない。

ステップ3 相手の立場を考え、心理的な罠に備える

最後に、作戦会議での議論を振り返りながら、模擬交渉で自分の交渉シナリオを確定させ、どのように交渉を進めるかを考える。ここで重要なことは、相手の立場を考えることである。

交渉では、必ず相手がある。どのように魅力的な条件であっても、相手が納得しないと成立しない。ミッションを実現するための最高の目標は、相手が受け入れた時に最も望ましい合意条件となる。そう考えると相手が自分の目標、特に最高の目標を受け入れた場合のメリットとデメリットを冷静に考えて、シミュレーションしておく必要がある。ミッションが共有でき、相手の最高と最低の目標の範囲で合意できれば、Win-Win 関係の実現が可能だ。交渉の成功確率を高めるためには、自分のことを話し、相手のことを聞き、コミュニケーションしながら情報を引き出す必要がある。自分の目標を達成するためには、相手のことを考えることが重要なのである。

また、交渉中に陥りやすい心理的な罠には、十分気を付ける必要がある。模擬交渉では、相手がどのような情報を持っているのか、どのような交渉シナリオを準備しているのかは、事前には全くわからない。

特に第一印象は、その後の交渉心理に大きく影響する。最初に何というメッセージを発するか、最初の一言は慎重に選んでおくべきだ。人間関係では第一印象が大事だとよく言うが、交渉でも同じなのだ。模擬交渉を開始後、いきなり条件交渉から始めるのか、または雑談風に自分について話をしたり、相手の話を促して情報を引き出したり、方法はいくつもある。作戦会議で議論した他の受講者のアイディアも参考にして、自分の交渉シナリオを確定させていく。

模擬交渉は本番の交渉のシミュレーションであり、教科書的な方法を選ぶ必要はない。普段行わない方法から入っても全く構わない。その功罪を知ることができるからだ。ただし、事前に何をどう話すか、その価値とリスクをよく考えて準備することが重要だ。模擬交渉とはいえ、本番の交渉のつもりで出たとこ勝負で交渉するのではなく、事前によく考えた交渉シナリオに基づき、本気でミッションの実現にチャレンジする。そうすることによって、高い学習効果が期待できる。

2 模擬交渉で楽しむロール・シミュレーション

❖1対1で模擬交渉

次は、模擬交渉である。人間の脳は、学習した内容を2週間で短期記憶として忘れるか長期記憶として保存するかを判断する特性があるそうだ。ただし、2週間後に長期記憶として残っているか否かは、学習方法により異なる。読んだこと、聞いたこと、見たことなどの受動的な学習方法では、10～30％程度、言ったこと、言いながら実際にやったことなど能動的な学習方法では、70～90％と大きく残存率が異なる（Edgar Dale, *Audio visual methods in teaching*（*3rd ed.*）, New York, Holt, Rinehart, Winston 1969）。この理論に基づくと、模擬交渉は、実際に自分で体験する学習方法であり、学習効果が高い方法と言える。

さて、事前準備が終了したら、いよいよ模擬交渉だ。講師から、制限時間を聞いて、時間一杯、自分の立てた交渉シナリオに基づきミッションの実現を目指すのである。模擬交渉は、さまざまなテーマで行われる。商品やサービスの売主役と買主役に分かれて行う「売買交渉ゲーム」、知財分野でよく遭遇する秘密保持契約の締結を巡る「契約交渉ゲーム」、コンテンツビジネスの分野で著作権の帰属やライセンス（使用権）を交渉する「権利交渉ゲーム」などがある。いずれも、実際のビジネス交渉を素材に、交渉学で研究された視点から分析し、オリジナルに作成されたケースである。

模擬交渉のちょうど前半が終了したあたりに、講師から〝強制ブレイク！〟との声が掛かる。強制ブレイク中は、交渉が途中であっても対戦相手との会話を中断し、ブレイクに入る。ちょうど、ボクシングなどの格闘技の試合で、レフェリーが両者の間に入るあのブレイクのようだ。強制ブレイク中は、一人で前半の交渉を振り返ってもよいし、また作戦会議のメンバーとのみであれば、情報交換しても良いルールになっている。

ブレイクは、交渉中に用いる戦術の一つである。交渉の前半、後半でシナリオを変えるのに有効だ。たとえば、前半は雑談から入り、双方の思いを共有し、ブレイク後の後半は、具体的な条件の提示から詰めに入る、という方法である。また、交渉中、相手が思わぬ反応をして戸惑ったり、自分が予定外に言いすぎるなど、自分も相手も冷静になるべき場面がある。その時にブレイクを取ることは非常に有効だ。

強制ブレイクでは、交渉中に取るブレイクの効果を模擬体験することができる。実際の交渉では、自然にブレイクを取れるように、いくつもの方法を準備しておく。たとえば、日本の事務所は、コーヒーやお茶を出す習慣があるので、そのタイミングをブレイクにする方法、スモーカーがいる交渉チームでは、スモーカーとサインを決めておき、スモーキングブレイクをタイミングよく取る方法などがある。強制ブレイクでブレイクの効果を経験することで、交渉シナリオの段階で、ブレイクを取れる手段まで準備しておく有効性を学ぶのである。

講師の〝交渉再開!〟のコールで後半戦に入る。後半戦のラスト5～10分になると講師から〝ラスト○○分!〟というコールが入る。これは、制限時間を伝えるとともに、今回の模擬交渉のクロージングを促すのである。

交渉において、クロージングは非常に重要だ。実際の交渉でも、通常は制限時間がある。

今回の交渉は2時間だけ取れる、半日なら取れるなど、限られた時間で交渉する方が多い。シナリオ通りに良い感じで進んでいても、最後の詰めが重要だ。その日に合意した内容、残った問題点、今後はどうするのか、などを最後に詰めるのがクロージングだ。実際の交渉では議事録を作成し、双方が確認するのがベストである。

それでは、模擬交渉で実際にあった特徴的な事例をいくつか紹介しよう。

エピソード11

見事、アンカリングの罠に落ちる！

アンカリングとは、第1章で述べたとおり、ある一定の数値などを提示されると、それを基準に判断してしまう交渉中の心理状態のことである（第1章エピソード7参照）。

次の図は、売主（ショップ）と買主（個人のバイヤー）が1対1で、限定品として、希少価値のある商品を売り買いする交渉でのシーンである。作戦会議の段階では、売主も買主もミッションをよく考え、中長期的な視点で組める相手かどうかを見極めようとしていた。交渉前半は、お互いに驚くほど順調だった。双方が円滑にコミュニケーションして、

1対1の模擬交渉シーン

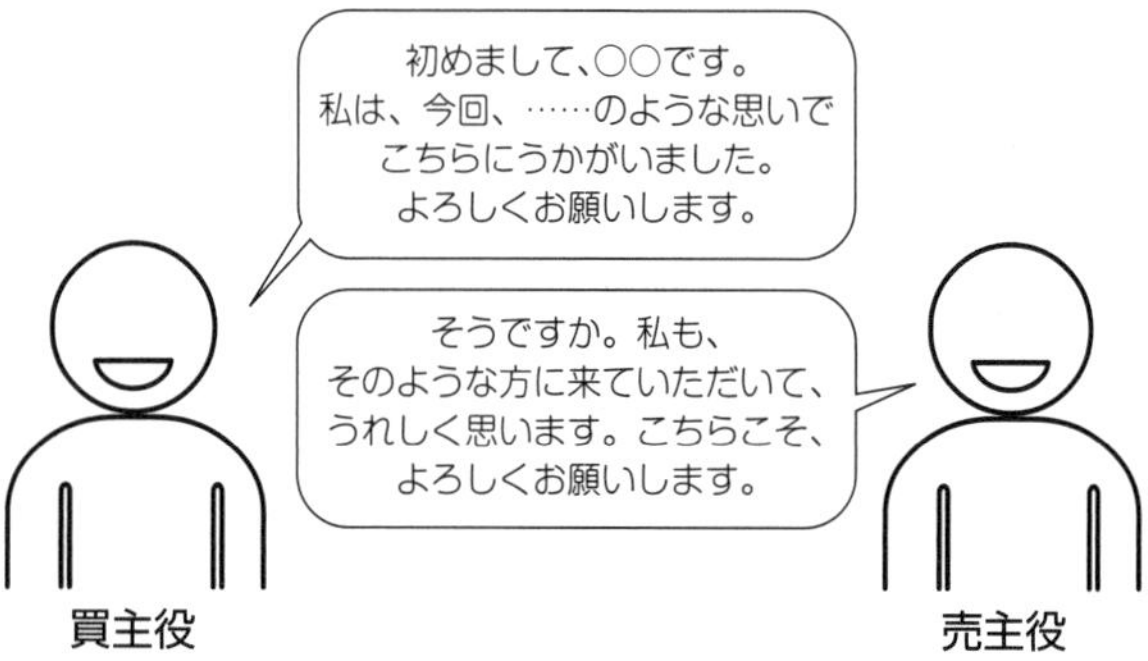
初めまして、○○です。
私は、今回、……のような思いで
こちらにうかがいました。
よろしくお願いします。
そうですか。私も、
そのような方に来ていただいて、
うれしく思います。こちらこそ、
よろしくお願いします。
買主役
売主役

自分のことを話し、相手の話を聞き、お互いに組める相手だと確信していた。

ところが、強制ブレイクの後、交渉模様は一変する。売主役が発した「それでは、そろそろ価格の話なのですが、××円ではいかがですか？」という言葉を聞いた買主役は、「え〜！ そんなに高いのですか……？」と反応した。

この会話の後、お互いに価格以外の話はすべて吹っ飛んだ。そして、講師の交渉終了の声まで、ひたすら「価格が高い……」「ではいくらならいいのか……」という価格交渉が繰り返されていた。交渉後の感想戦（模擬交渉後、対戦相手と個別情報を交換し行う議論。詳細は本章3参照）ではやっと冷静になり、お互いになぜこうなったのかを話し合っていた。

これは、典型的にアンカリングの罠に掛かった状態である。もし、交渉の最初にブレイク後の状態になっていたら、交渉の最初から最後まで、ひたすら価格交渉をしていたかもしれない。価格は、売買取引条件の重要な要素だが、価格の話をするタイミング、価格の話の持ち出し方は、非常にセンシティブであり、慎重に考えて行うべきだ。模擬交渉後、二人はずっと、どうすればよかったか、他の交渉チームはどうしたかを聞きながら議論していた。交渉の前半が良い感じだっただけに、双方が残念に思い、もう一度チャレンジしたいと話していた。この模擬交渉後の学習が効果的なのである。

エピソード12

不安な条件を、正直に説明すると？

次は、売主（ショップ）と買主（個人のバイヤー）が、希少価値があり魅力的だが、ニセモノも多いブランド品を売り買いする1対1交渉でのシーンである。

買主はニセモノをつかまされないよう警戒し、売主は実は自分にも不安がある状態であることを、どのように伝えようかと迷っていた。この売主は、作戦会議で「正直が一番の解決策だ。正直であれば、きっと買主もわかってくれる！」と発言していた。

模擬交渉の前半、売主は正直に事情を話し始めた。希少価値があるので急ぎ仕入れたところ、本物かどうかの確認がまだできていないこと……。ただし、ニセモノを売る意思はなく、正直に事情を話した自分を信じてほしいこと、などを説明した。売主は正直であれば信じてもらえると思っていたが、買主の反応は厳しかった。買主は専門のお店だと思って買いにきたのに、本物かどうかがわからない段階で販売するなど、考えられない、と。その後、この模擬交渉は、この話が最後まで続き、結局、決裂した。

このチームは、同じ課題に取り組んだ他のチームの結果が気になり、最後の全体フィードバック（講師のガイダンスで、各チーム交渉結果を共有し、ケースのポイントや論点を議論する。詳細は本章3参照）で、正直に説明した売主の結果に聞き入っていた。

結果は、見事に二つに分かれていた。一つは、自分たちと同じく、正直に話しても相手に信じてもらえず、決裂したチーム。もう一つは、正直に話したことで、買主が信頼し、相次の段階に進んだチーム。講師のガイダンスで、それぞれがどのように立場を説明し、相

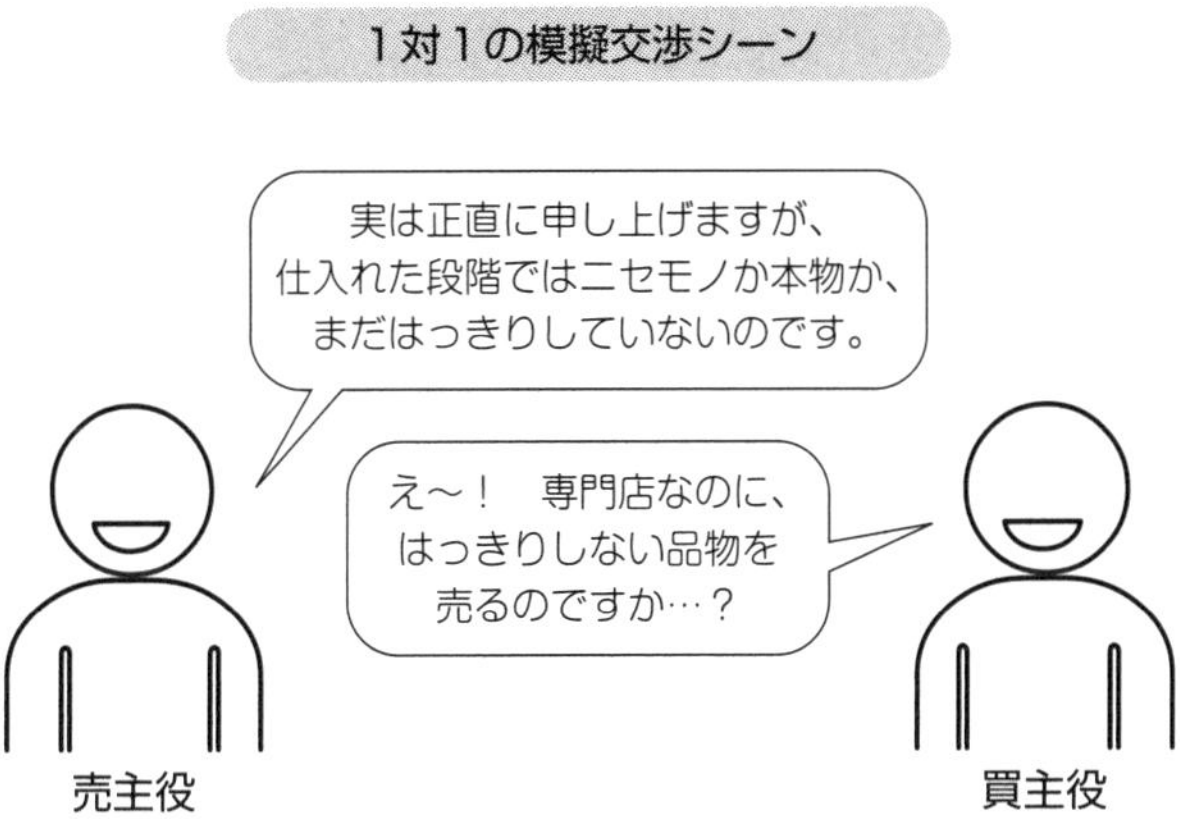
1対1の模擬交渉シーン
実は正直に申し上げますが、
仕入れた段階ではニセモノか本物か、
まだはっきりしていないのです。
え〜！　専門店なのに、
はっきりしない品物を
売るのですか…？
売主役
買主役

手がどのように反応したかを聞き、どうすればよかったのかを議論した。

交渉に単純な正解はない。交渉学は、選択肢を増やし、合意可能性を高めるための研究であり、王道の方法があるわけではない。このケースの場合、ポイントは、正直に話をした場合、相手が受け入れた場合と受け入れない場合を想定し、少なくとも2種類、できればもっと多く、対応の選択肢を準備しておくことである。このチームの二人は、全体フィードバックの後も、どうすればよかったかを冷静に話し合っていた。

エピソード13

シーティングで変わる交渉心理！

次ページの図は、初対面の設定での1対1交渉シーンである。先ほど述べたように、模擬交渉の前半と後半の間に、強制ブレイクが設定されている。強制ブレイクは、交渉相手との交渉を中断し、それぞれが冷静に前半を振り返るための時間だ。ただし、作戦会議のメンバーとのみ、情報交換が許されている。

Aさんは、作戦会議の段階から、座り方を気にしていた。コーチングの研修で部下と面談する際に、部下の正面に座ることによる無言のプレッシャーや、お互いの距離や目の位置が心理的に影響を与えることを聞いており、模擬交渉でも工夫すべきではないかと思っていたのだ。

初対面でもあり、交渉前半は近すぎると良くないと考えたAさんは、適度に離れてやや斜めの位置に座っていた。そして前半は雑談をしながら、双方がお互いの話をし合い、良い感じで終了。そして、ブレイク後の後半、Aさんは前半よりやや相手に近づいてみた。特に、違和感のある感じもないようだったので、そのまま交渉を続けた。後半も良い感じ

1対1の模擬交渉シーン

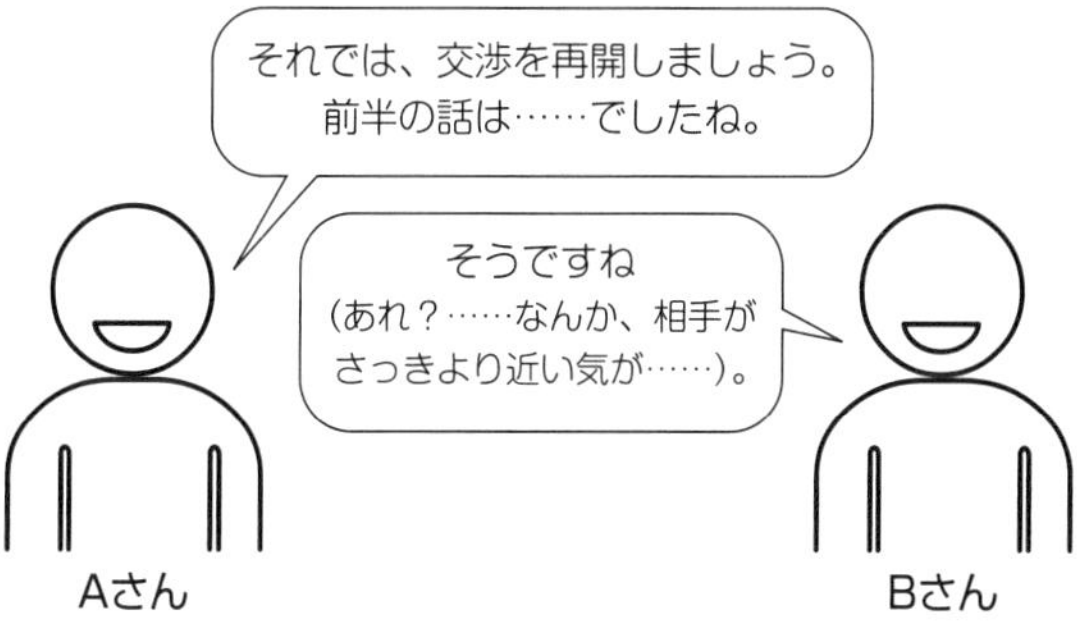
それでは、交渉を再開しましょう。前半の話は……でしたね。
そうですね（あれ？……なんか、相手がさっきより近い気が……）。
Aさん
Bさん

で進み、最後まで模擬交渉を続けた。

　交渉は、座って行うことが多い。Aさんが気を付けていたように、交渉相手、特に初対面の時は、相手との距離、目の位置、座り方が、微妙に心理的な影響を与えることが多い。

　心理学の研究で、プライベート・ゾーン、もしくは、パーソナル・スペースと呼ばれるものがある。人が自分の領域と考えて、他人が入ってくる場合に違和感を持つ距離だ。逆に、親しい人間、たとえば、親子、兄弟、友人、夫婦、恋人であれば、安心感を得る距離でもある。具体的な距離についてはいろいろな研究があり、民族や体格によっても異なるが、握手ができる程度の距離が一般的なようだ。交渉における座り方を〝シーティング〟と呼ぶ。

　シーティング方法に単純な正解があるわけではない。相手がどのように感じるのか、自分の交渉シナリオとの連動性など、考えて座ることが重要なのである。Aさんは、相手のことを考え、また、交渉シナリオの後半のプログラムと合わせて、距離を変えることにより、戦略的なシーティングを行っていた。これは、一つの有効な方法の例である。

エピソード14

質問は大事だが……？

　次も、1対1の模擬交渉のシーンである。技術者だったAさんは、普段の仕事通りに詳細なマップを作って周到に準備し、作戦会議でも相手がどのように考えるかをシミュレーションした。質問すべき論点を数多く考えており、同じ作戦会議メンバーを感心させていた。手元のメモには、交渉前半で相手から聞き出したい項目が20項目近く並んでいた。

　模擬交渉が始まった。Aさんは、挨拶もそこそこに、相手に次々と質問を投げかけた。Bさんは、Aさんの勢いに押されるように、質問に答え続けた。Aさんの様子は、いわゆ

1対1の模擬交渉シーン

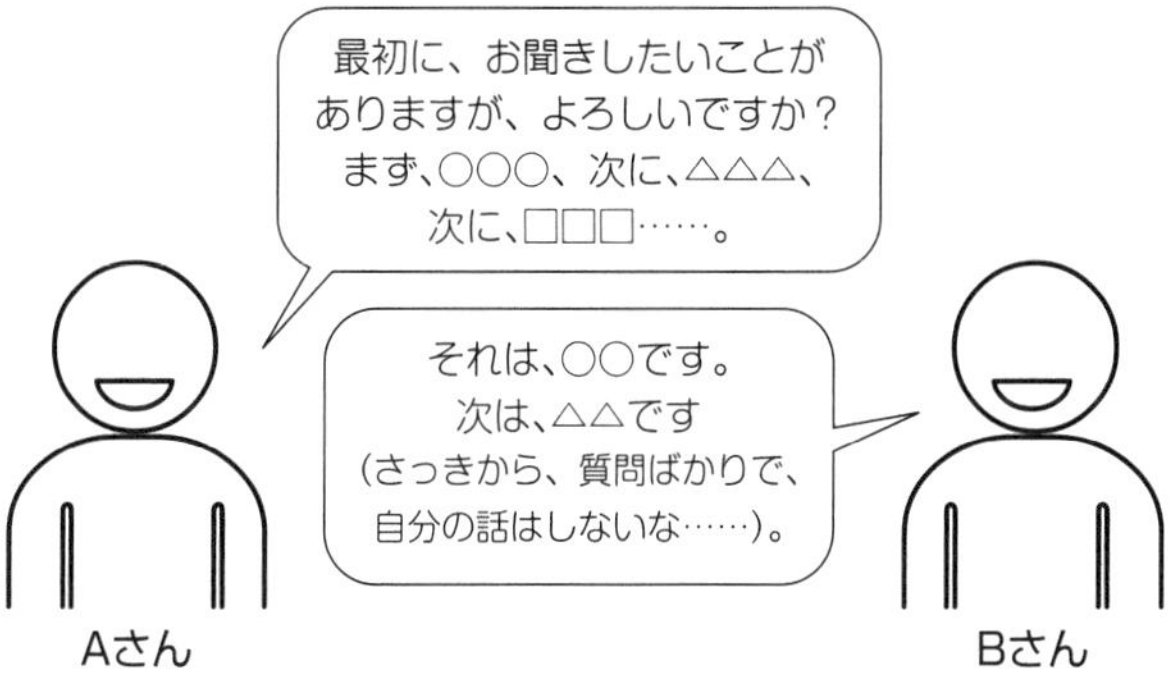
最初に、お聞きしたいことがありますが、よろしいですか？まず、○○○、次に、△△△、次に、□□□……。
それは、○○です。次は、△△です（さっきから、質問ばかりで、自分の話はしないな……）。
Aさん
Bさん

るマシンガントークのようだった。しかし、Bさんが、Aさんの質問が増えるごとに、少しずつ腰が引けていくことは見逃していた。

質問が終了し、必要な答えを得たAさんは、ニコリと微笑み、「それでは、○○○の条件ではいかがでしょうか」と自信満々に、交渉シナリオで準備していた条件を提示した。ところが、Bさんは「何とも言えません……」とはっきりと答えず、結局、そのまま話が平行線となり、交渉は終了してしまった。この模擬交渉では、何が起こったのだろうか。

質問は重要だ。事前の交渉シナリオを作る過程で、相手の立場や情報について、多くの疑問が生じる。その疑問点を早めに質問し、引き出した情報で戦略を組み立てるのは有効な方法だ。ただし、質問方法には工夫が必要である。

たとえば、あなたが自分のことはほとんど話さず、こちらに質問ばかりしてくる相手と話をしていたとしたら、どう感じるだろうか。会話は、キャッチボールが重要である。相手に質問すれば、その答えに反応したり、自分のことを話して、相手にコメントを求めたり、お互いが双方向に行うのが会話である。

この模擬交渉では、質問者と回答者が固定されており、キャッチボールになっていなかった。交渉シナリオも質問のポイントもよく考えられていた。しかし、Aさんの意図は、Bさんには通じず、交渉は決裂した。質問は重要だが、質問方法、話し方を工夫しないと逆効果になるリスクがある。

エピソード15

タイムアップ！　次の機会は？

1対1で双方がパートナーになれるかどうかを争う交渉のシーンである。交渉前半は、順調に進んでいた。ブレイク中の様子でも、それぞれが、良い感じだと話をしていた。交

1対1の模擬交渉シーン

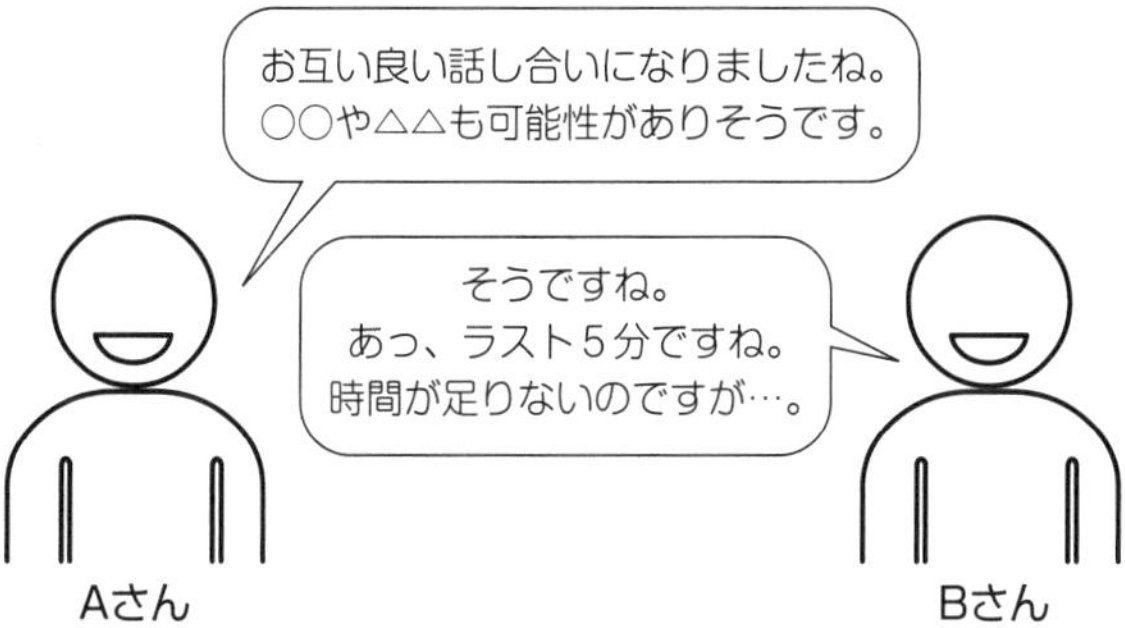
お互い良い話し合いになりましたね。
○○や△△も可能性がありそうです。
そうですね。
あっ、ラスト5分ですね。
時間が足りないのですが…。
Aさん
Bさん

渉後半も、議論が膨らみ、お互いに事前準備で期待していた以上にいろいろな展開が開けてきた。そこに講師から「ラスト5分」のコールが入る。

双方とも耳には入っていた。交渉後半まで話が盛り上がったのはよいが、論点が絞れておらず、ラスト5分ではとても整理できそうにない。あれもこれもと話をしているうちに、タイムアップ！

感想戦では、お互いにもう少し時間があれば、と後悔していた。

さて、このケースは、どうすればよかったのだろうか。実際の交渉でも、時間が無限にあることはあり得ない。顧客が30分だけ時間をくれた、じっくり話ができるのは、2時間が限界、というように時間に限りがあるのが通常だ。

エレベータートーク・トレーニングというのを聞いたことがあるだろうか。米国で実際に行われているトレーニング方法である。ベンチャー企業役の受講生が投資家役の講師にエレベーターに一緒に乗っている程度の時間（約30〜60秒）で、自分自身や自分の事業をPRし、ランチミーティングなどの次のアポイントを取り、詳しく話を聞いてもらってチャンスを得るようにするためのトレーニングである。短い時間でポイントを絞り、説明する能力が問われる。これは、投資家とアポイントを取る交渉のトレーニングとも言える。

模擬交渉は、必ず制限時間があり、最初に講師から時間が提示される。そのため、事前準備の段階で、交渉シナリオに時間を組み込んで考えておくことが重要だ。つまり、交渉にはタイムマネジメントが必要なのである。

受講生の中には、5〜10分単位で、どのようなシナリオで何を聞き、どのような条件を交渉するかを詳細に記載した作戦シートを準備している人もいる。このような準備をしていれば、本件のような事態にはならなかっただろう。

そこまで準備していなくても、ラスト5分のコールを聞いた後にも、いくつかできることがある。まず、残り5分しか交渉できないのだから、中途半端に話を続けるよりも、その日、どこまで議論ができたか、何が合意でき、何が問題として残ったかを整理する方が価値がある。さらに、次につながる条件を交渉することも可能だ。たとえば、何を宿題にし、いつまでに回答するか、次に、いつ会うかなどを決めることだ。交渉全体の終結を〝クロージング〟と言うが、残り5分はクロージングのために有効活用できる(田村次朗他、『ビジュアル解説　交渉学入門』、日本経済新聞出版社、2010年、164〜197ページ参照)。

交渉シナリオを作る時は、タイムマネジメントを組み込んで準備し、交渉の際には、最後の時間を次につなげるクロージングに充てることで、タイムアップにより、議論が途中で終わってしまうリスクを避けることができる。

❖模擬交渉のチームプレイ

模擬交渉には、1対1以外にも、いくつかの形式がある。たとえば、2対2、3対3、4対4などのチーム交渉である。

実際のビジネス交渉では、1対1の時もあるが、複数メンバー同士の交渉の方が多い。

たとえば、上司と部下が2名1組で交渉するケース、また、大型の提携交渉であれば、交渉リーダー、法務や知財部門の代表、技術部門の代表、営業部門の代表など、部門代表や法律の専門家を同席させ、チーム交渉が行われる。

この場合に重要なことは、①チームでミッションが共有されていること、②チームで役割分担ができていること、である。まさに、チームプレイが問われるのがチーム交渉の特徴だと言える。これがうまくできていないと交渉の場面で難しい局面に立たされることがある。

模擬交渉にも、チーム交渉のケースがある。個別情報は2種類だが、それぞれのシートにサポート役を1名同席させてもよい、という設定になっているケースもあれば、より複雑なケースでは、たとえば4対4のケースで、情報が合計3階層になっている場合もある。たとえば、A社とB社の提携交渉のケースの場合、第1階層は、A社とB社の共通情報になる。第2階層は、A社の4名が同じ情報を持つ個別情報とB社の4名が同じ情報を持つ個別情報になる。最後の第3階層は、A社の4名がそれぞれ残りの3名が知らない個別情報を持ち、また、B社の4名も同様となる。

それでは、チーム交渉の模擬交渉で、実際に受講者が遭遇した事例をいくつか紹介しよう。

エピソード16

ミッションの共有は、まず味方から！

4対4のチーム交渉で、相手チームと事業提携を巡る交渉を行うケースである。同じチームでも、チーム4名の共通情報と各部門代表の個別情報に分かれている。交渉リーダーで、役員から推進役を任されたAさん、部門長から積極的な推進を指示されているBさん、部門長から否定的な指示をされているCさん、部門長から中立的な立場を指示されているDさんの4名に、役割がそれぞれ割り振られている。各部門代表に配布された個別情報は、残りの3名にも秘密である。

このケースでは、最初にそれぞれのチーム内の社内交渉をして、その後、交渉相手との社外交渉を行うプログラムだ。社内交渉の最初に、リーダーのAさんが、各自の立場を聞いたところ、見事にバラバラだった。さらに、他のメンバーは知らないが、Cさんは、部門長から特別の指示を受けていた。この提携交渉の相手先は、会社としては提携を考えているパートナー候補だが、Cさんの部門にとってはライバル事業を持ち、敵視している相手であった。そのため、なんとかして本提携を妨害するようにと言われていたのだ。

社内のチーム作戦会議のシーン

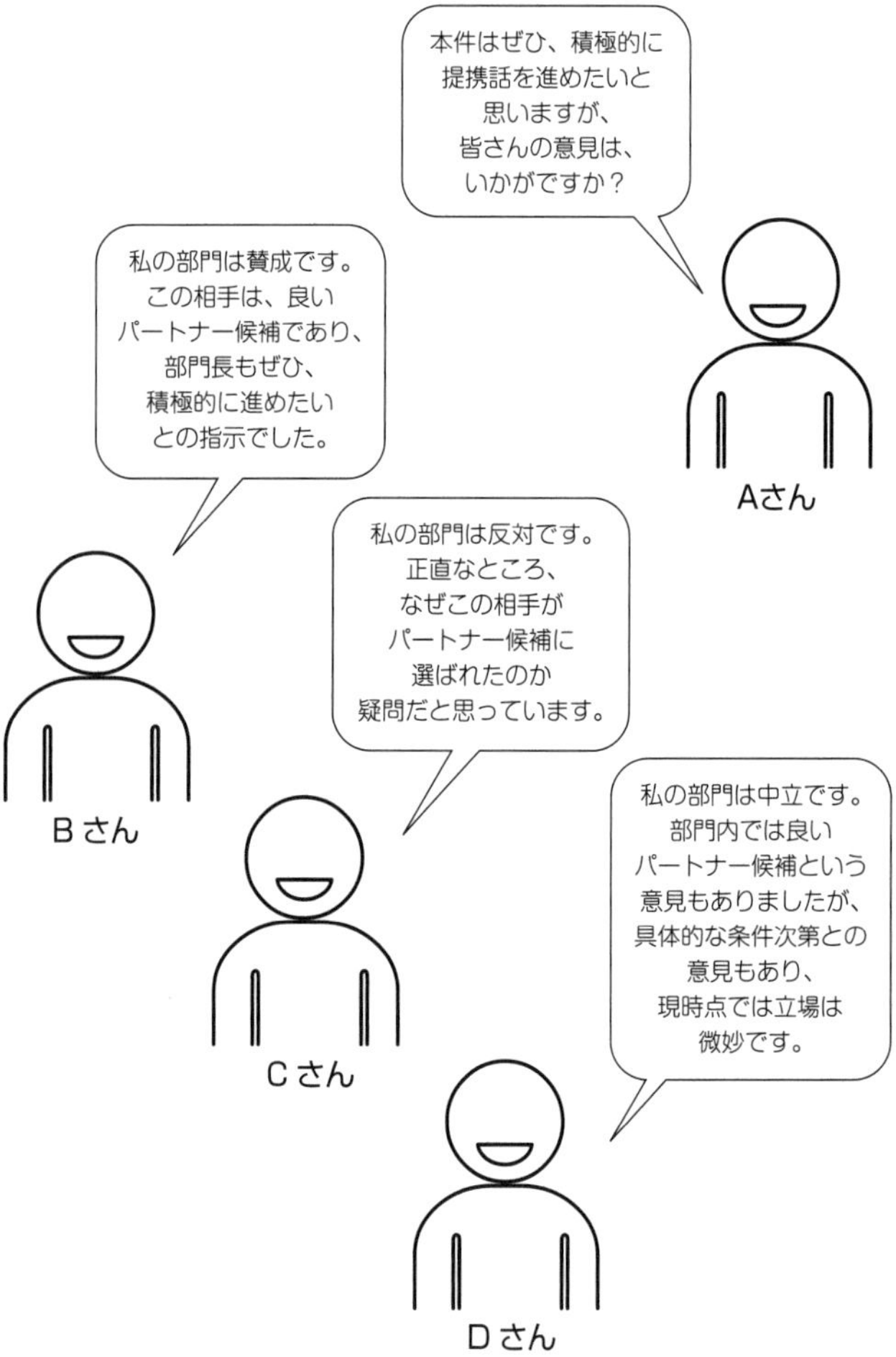
本件はぜひ、積極的に提携話を進めたいと思いますが、皆さんの意見は、いかがですか？
Aさん
私の部門は賛成です。この相手は、良いパートナー候補であり、部門長もぜひ、積極的に進めたいとの指示でした。
Bさん
私の部門は反対です。正直なところ、なぜこの相手がパートナー候補に選ばれたのか疑問だと思っています。
Cさん
私の部門は中立です。部門内では良いパートナー候補という意見もありましたが、具体的な条件次第との意見もあり、現時点では立場は微妙です。
Dさん

このケースは、相手と交渉する前に、社内交渉でミッションを共有して、一枚岩にならないと破綻するように設計されている。

各チームの結果は、見事に二つに分かれた。交渉リーダーAさんの個別情報には、各部門の個別最適を超えて、会社としての全体最適に向けたトップからのメッセージが入っていた。このメッセージを有効活用して、4名でミッションを共有できたチームは、交渉相手と交渉し、リーズナブルな提携になっていた。一方、各自がバラバラのまま交渉したチームは、秘密の指示を受けているCさんの巧妙な妨害に遭い、味方が乱れて交渉が決裂してしまった。実は、相手のチームにも同様の仕掛けがあり、双方が提携するには、社内交渉を乗り越える必要があるのだ。

このケースは、実際の事例から作られたリアルなビジネスケースだが、模擬交渉では多くのチームが社内交渉で紛糾し、交渉が頓挫してしまう。交渉チーム内のミッションの共有がいかに重要かを認識するのが学習目標だ。通常の感想戦では、交渉相手の個別情報を見て驚くのだが、このケースでは味方だと思っていた同じ会社の交渉メンバーの個別情報を見て驚く。交渉後は、味方のチーム内で、どうすればよかったかの議論が続いていた。

エピソード17

オブザーバーが、相手の立場を見抜く！

次は、3対3のチーム交渉で、相手チームとの事業提携を目指す交渉ケースである。それぞれに交渉リーダーと営業部代表、技術部代表が同席している。お互いに交渉リーダーが、自分が本件を推進する担当であることを紹介し、交渉を開始した。

一方のチームは、チーム交渉では役割分担が重要であり、オブザーバー役を置き、相手の反応や立場を見ておくとよいと講義で聞いたことを活かしていた。作戦会議で、営業部代表をオブザーバーに指名し、交渉シナリオをチームで共有したうえで、交渉リーダーが出す条件に対する相手の反応を観察していた。すると気になることがわかった。相手の交渉リーダーは、微妙な条件を出すと、なぜか技術部代表に視線を向けるのだ。

技術的な条件の話だけならまだわかるが、営業的な条件や事業全体への相手の思いなどを聞いた時も同様だった。オブザーバー役の営業部代表は、強制ブレイクの作戦会議で、そのことに気が付いて交渉リーダーに報告し、後半は、技術をテーマに議論を始め、反応

社内のチーム作戦会議のシーン

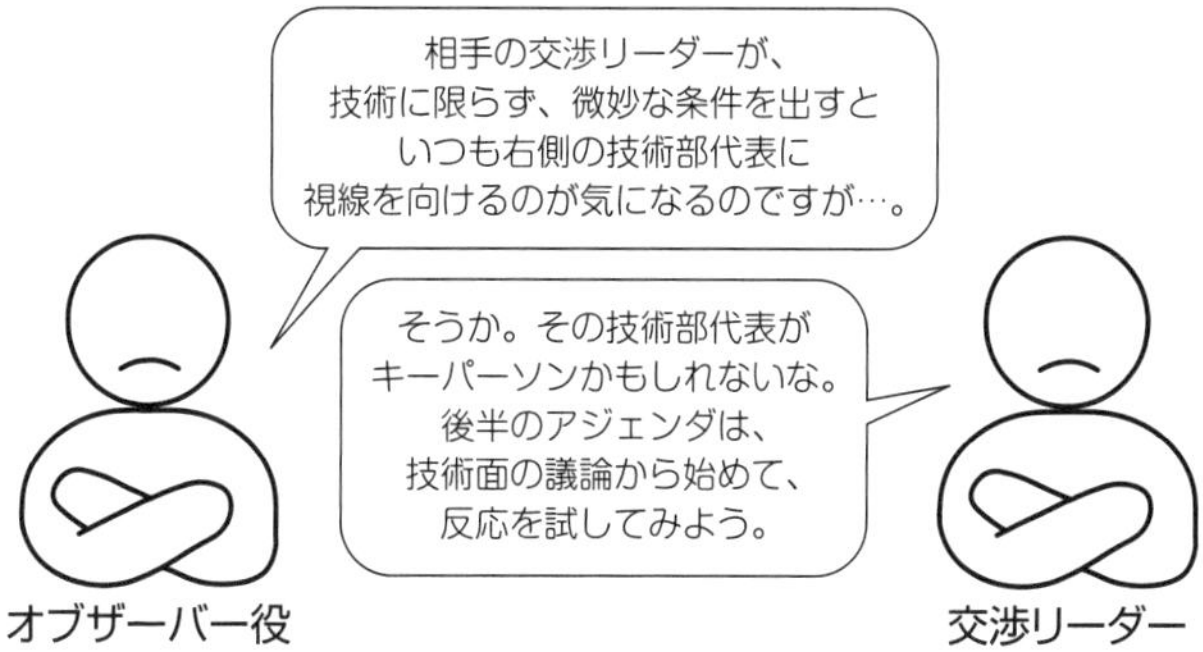
相手の交渉リーダーが、
技術に限らず、微妙な条件を出すと
いつも右側の技術部代表に
視線を向けるのが気になるのですが…。
そうか。その技術部代表が
キーパーソンかもしれないな。
後半のアジェンダは、
技術面の議論から始めて、
反応を試してみよう。
オブザーバー役
交渉リーダー

を見てみた。そうすると相手から思わぬ好条件で提示され、後半は一気に提携の話が進んだ。

実は、これには訳があった。相手の交渉リーダーの個別情報には、3名は対外的には全員マネジャーだが、技術部代表が社内グレードが一番高く、役員からの信頼が厚いこと。技術部代表の個別情報には、役員から本件は技術的な価値判断が提携推進のポイントであり、相手が信頼できると感じたら、ある魅力的な条件を出してもよいが、その判断は技術部代表の判断に任される旨が記載されていた。このケースも、実際の事例から作られている。

交渉者は、事前に考えた交渉シナリオに基づき、条件を相手に提示しながら、相手の反応を見て次の条件の提示を行う必要がある。しかし、交渉の上級者でもこれはかなり難しい。チーム交渉となると複数の相手の反応を同時に見る必要があるので、どうしても見落としや誤解が出やすい。

そこで、チーム交渉では、オブザーバー役を置き、事前に打ち合わせした交渉シナリオに相手のメンバーがどのように反応しているのかを冷静に見て、ブレイク中の作戦会議でメンバーと共有するのだ。このケースは、交渉相手の立場を見抜き交渉シナリオに活かすことがポイントだった。オブザーバー役を置いたチームは、チームプレイにより、この学習目標をクリアしたのだ。

❖三すくみ、四すくみの模擬交渉

双方がチームになっているわけではないが、複数の交渉者が同時に一つのテーマを交渉する模擬交渉もある。

たとえば3～4名が、それぞれの会社を代表する立場で交渉する多数当事者間交渉である。この場合、交渉条件の設定は、三すくみ、四すくみとなっており、どの相手とも対立構造にあり、一見、合意を見出せそうもない条件になっている。

しかし、この対立を乗り越える方法はいくつもある。多数当事者間交渉は、実際の事例でもよく見られる。たとえば、複数の企業が業界基準や業界団体基準を決める交渉がある。また、複数のメーカーが関連する事業者と共同で規格を策定し、広く普及を進めるといった、いわゆる標準化活動を巡る交渉や、複数の特許権を持つ企業が集まるパテントプール（ある技術に権利を有する複数の者が、それぞれの所有する特許等または特許等のライセンスをする権限を持つ一定の企業体や組織体）を形成する際の交渉などがある。

多数当事者間交渉で重要なポイントが三つある。まずは、ミッションの共有である。これはチーム交渉でも同じだが、多数当事者間交渉の場合は、それぞれが別の企業であり、ミッションの共有は難しい。しかし、共通の利益を考え、ミッションを共有できない限り、意義ある合意形成は望めない。次は、多数派形成である。多数当事者間交渉の場合、すべての当事者の意見が一致し、合意に至るのは難しい。一定の合意を目指すのであれば、意見を同じくする仲間を作る必要がある。そのためには、多数派形成が必要になる。最後に、〝ルールの交渉〟である。

多数当事者間のルールの交渉と言えば、オリンピックが思い当たる。たとえば、ある競技でA国の代表選手が金メダルを取った後、オリンピックの競技委員会でA国の代表選手に極端に不利なルールの改正が行われたとしよう。ルール改正後、A国の代表選手が、改正ルールに適用されるか否かを交渉した場合、これは〝適用の交渉〟であり、ルールの交渉ではない。

適用の交渉は、改正されたルールを基準として、その適用の幅を争う交渉であり、交渉可能領域が狭い。一方、ルールの交渉とは、ルールが改正される前に、A国が交渉者を競技委員会に送り、ルール改正自体の是非を交渉することだ。ルールの交渉では、多数当事者間でミッションを共有し、最後に多数派形成により一定数の合意が得られないと目指すミッションの実現は難しい。

この例では、A国代表が、「我が国の選手に不利なルール改正は困る」と交渉しても合意形成は望めない。視点を一段高く上げ、「特定の国の特定の選手が不利になるようなルール改正は、皆さんの国にも同じ不利益を被る可能性があり、またオリンピック憲章の趣旨に合わない」と主張して、賛同国を増やす交渉が必要になる。それでは、難易度の高い多数当事者間交渉のケースで、受講者がどのような交渉をしたかを見てみよう。

エピソード18

ブレイクの個別交渉で、フェーズチェンジ！

3社の代表が、三すくみで一つのテーマを交渉する多数当事者間交渉のケースである。交渉前半、三者がそれぞれ自分の主張をし合い、合意形成の目途も立たない状況だった。この模擬交渉では、前半終了後の強制ブレイクで、ある特別ルールが定められていた。いつもの強制ブレイクより長めに時間が取られており、その間では個別交渉OKというルールだ。前半終了5分前くらいから、個別交渉をどのように進めるか、というルールの交渉が生まれる。

ここから相手に対する疑心暗鬼が始まる。誰が口火を切るか、どのような順番で交渉するかは、個別情報に指定はなく、受講者の判断に任されている。それぞれが希望の順番を話して合意を形成しようとするケース、強引なある1社が最初に話をしたい相手を連れて席を離れてしまい、残った1名が茫然としているケース、後の交渉が有利と考えて、最初にどうぞと2社を促したのはよいが、一人になってみると2社の話が気になってイライラしているケース、など千差万別の個別交渉模様だ。

ここで重要なのは、個別交渉をどのようなルールで行うかをきちんと交渉することである。次に、個別交渉の相手のみならず、残った相手の動きを読んで対応するかである。残った相手は、当然、個別交渉の内容が気になって仕方がない。たとえば、最初にBさんとCさんが個別交渉している間のAさんの気持ち、次にBさんとAさん、AさんとCさんという順番だとすると、必ず残る1名がいる。

多数派形成では、特定の相手と組んで1名を排除する方法もある。個別交渉で全員には話せない個別事情を引き出し、3社全体が合意形成できないかを探る方法もある。3社によるWin-Win関係を目指すなら、全体の利益を考えた合意が必要だ。一方、それを最高の目標にしたとしても、どうしても、1社と組めない場合もある。その場合でも、少なくとも2社で合意し、ミッションの達成を目指すことになる。

このケースも、実際の事例から作られているリアルなビジネスケースだ。多数当事者間交渉で必要なミッションの共有、多数派形成、ルールの交渉の三つを学習することができる。感想戦では、自分がいなかった時の個別交渉で何の話をしていたかを共有し、歓声が上がるとともに、その後、個別交渉はどうすればよかったのかの議論が続く。

三すくみの模擬交渉のシーン

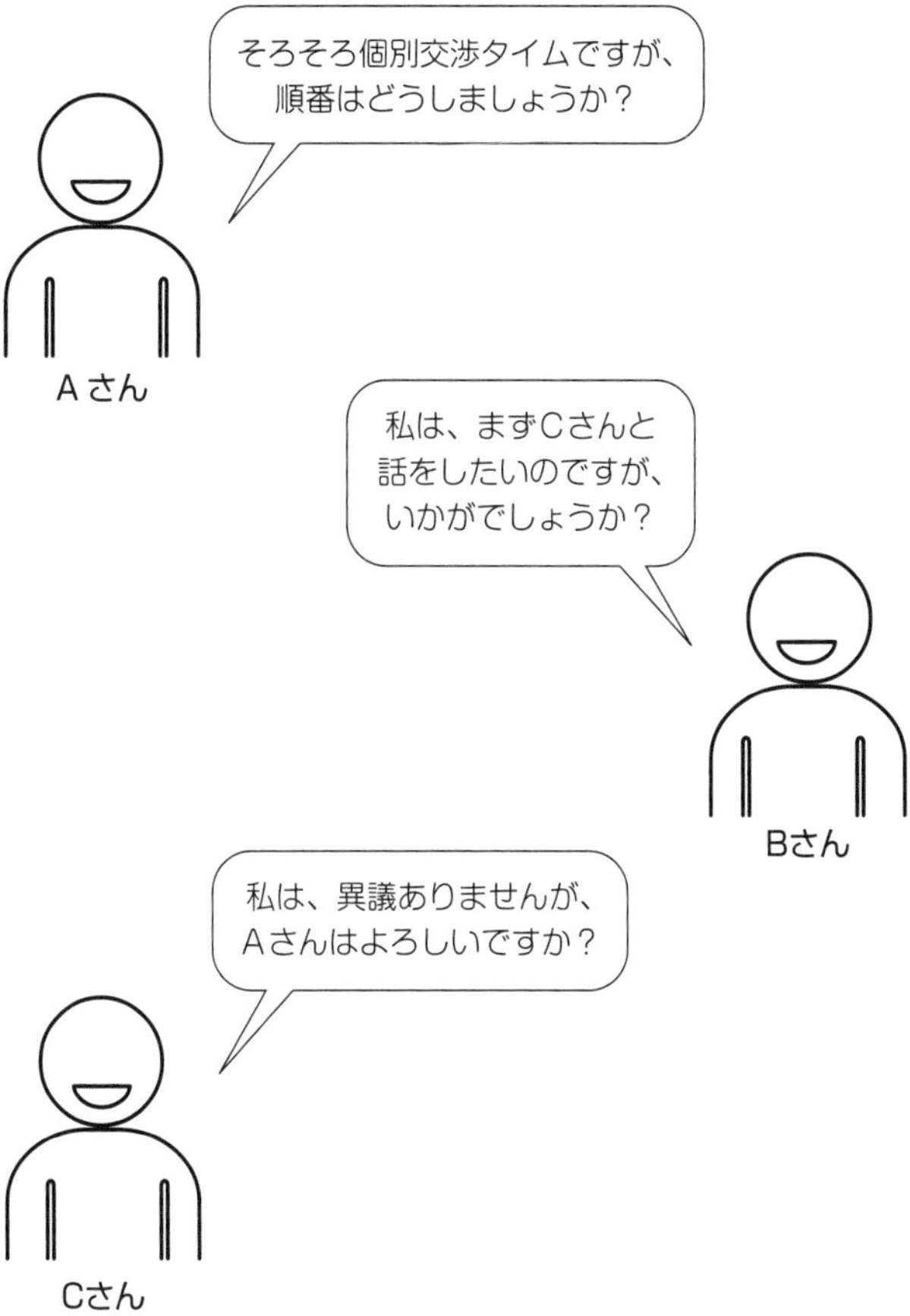
そろそろ個別交渉タイムですが、
順番はどうしましょうか？
Aさん
私は、まずCさんと
話をしたいのですが、
いかがでしょうか？
Bさん
私は、異議ありませんが、
Aさんはよろしいですか？
Cさん

エピソード19

議長ロールによる〝三方よし〟!

4社の四すくみの多数当事者間交渉のシーンである。

個別情報は、それぞれが対立しており、共通の利益も見つからず、交渉は膠着状態だった。強制ブレイク中の個別交渉でも、合意形成がうまく進まず、多くのチームがこのままでは、決裂しかないというあきらめの雰囲気だった。

このケースの個別情報は、各社の個別最適の条件がかなり厳しく、安易に4社が組めないように設計されている。そこに、ある1社のみに、休憩中にこっそりと追加の個別情報が配られる。他の3社はその事実自体を知らない。受け取った交渉者は、にこりと笑って表情を変え、後半の交渉に臨んだ。その追加情報には、本社から交渉者に新しい指示が入っていたのである。

そこには、本社の幹部が業界団体のトップになることが内定したので、今まで自社の利益を中心に主張していた内容の一部を変えて、業界の利益を考え、新しい提案をしてもよ

四すくみの模擬交渉のシーン

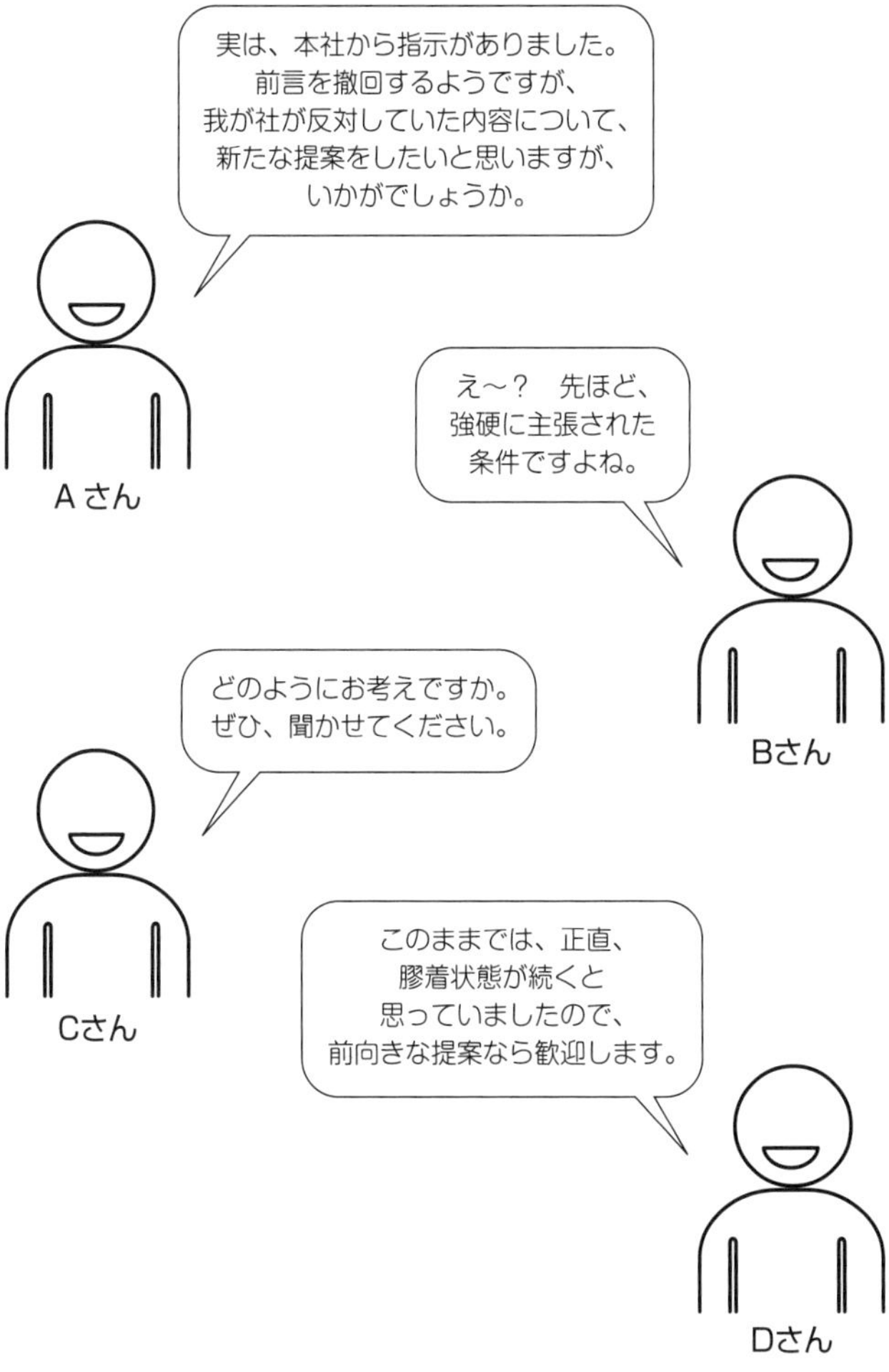
実は、本社から指示がありました。前言を撤回するようですが、我が社が反対していた内容について、新たな提案をしたいと思いますが、いかがでしょうか。
Aさん
え～？　先ほど、強硬に主張された条件ですよね。
Bさん
どのようにお考えですか。ぜひ、聞かせてください。
Cさん
このままでは、正直、膠着状態が続くと思っていましたので、前向きな提案なら歓迎します。
Dさん

いこととその条件が書かれていた。

この情報をどのように使うかは、交渉者の判断である。あるチームでは、追加情報を受領した交渉者が、個別最適を主張していた前半とは異なる業界全体を見据えた視点で、条件を提示し、まるで、国際会議の議長のように振る舞いながら交渉した。このチームは、後半で全く異なる展開になり、4社が納得できる合意形成ができた。

この全体最適の指示を受けた交渉者を〝議長ロール〟と呼んでいる。国際会議に限らず、多数当事者間で利害が対立していた場合、1社でよいので全体最適を考えた立場を取り、そのことが交渉全体にどのように影響するかを学習するケースである。このケースも、実際の実例から作られている。

ある研修では、意図的に、議長ロールに追加の個別情報を入れたチームと入れないチームを作り、結果を比較してみた。交渉者が追加の情報をどのようにとらえて交渉するかによって結果は異なるが、全般に議長ロールが行われた交渉の合意成立、もしくは感想戦での納得感が高かった。

社内の複数当事者間や部門間の対立においても、ミッションの共有が重要であるが、会社を異にする多数当事者間の交渉でも、バードアイのように高い視点で全体を俯瞰し、共通のミッションを見出すことが、問題解決の有効な方法の一つとなる。まさに、売り手、買い手、世間をすべて満足させることを目指した〝三方よし〟である。このケースは、これを体験する模擬交渉なのだ。

エピソード20
ホワイトボードを使うブレスト型交渉！

３社が三すくみで、複数のアジェンダ（協議項目）を争うチーム交渉のシーンである。当事者が多数のうえに、アジェンダが複数あり、交渉前半は、それぞれがバラバラに意見を主張し、論点が拡散していた。強制ブレイク後、ある交渉者が、書きながら整理することを提案し、近くに置いてあったホワイトボードに情報を整理しながら、書き出すことにした。

まずは、論点として出ている条件とそれぞれの立場を書き出し、それらの現在の状況を

三すくみの模擬交渉のシーン

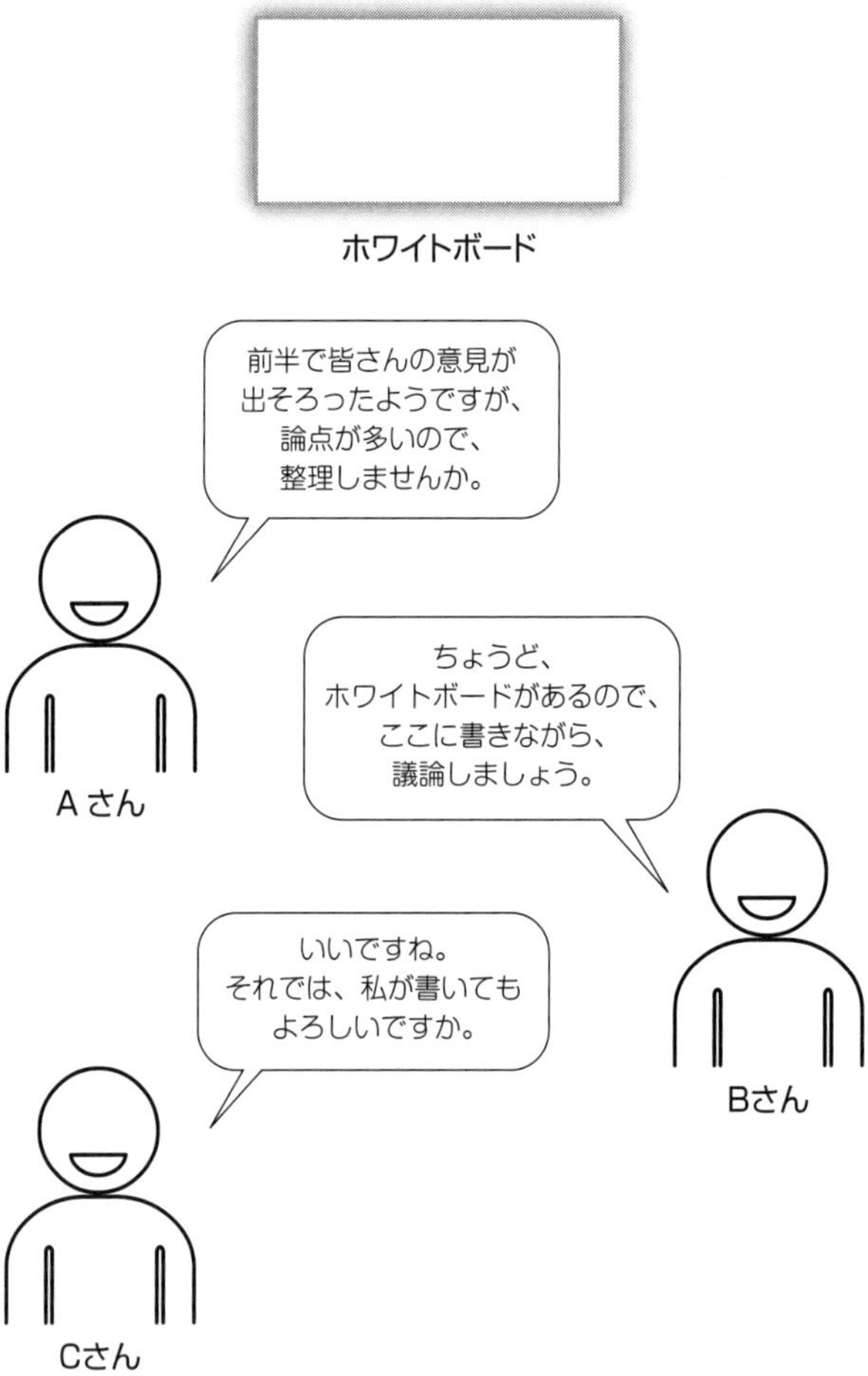
ホワイトボード
前半で皆さんの意見が出そろったようですが、論点が多いので、整理しませんか。
Aさん
ちょうど、ホワイトボードがあるので、ここに書きながら、議論しましょう。
Bさん
いいですね。それでは、私が書いてもよろしいですか。
Cさん

○、×、△などの記号で識別していった。その過程で、まだ双方の理解が異なっていた点を確認したり、追加して議論したりした。このプロセスを通じて、何が合意できている条件なのか、何が問題なのかが〝見える化〟され、明らかになっていった。そして、お互いに論点がクリアになり、合意点がほぼ見えてきた。

この方法は、〝ブレスト型交渉〟と呼ばれている。遠慮なく、自由に考えを発言し合い、創造的な選択肢（クリエイティブ・オプション、田村次朗他、『ビジュアル解説 交渉学入門』、日本経済新聞出版社、2010年、34〜39ページ参照）を生み出す交渉方法である。ブレストとは、ブレイン・ストーミングのことであり、グループでアイディアを出し合う発想法の一つとしてご存じの方も多いだろう。これを交渉において、交渉相手と活用するのである。

交渉相手とブレストなんか……、と思われるかもしれないが、非常に効果的である。まず、相手を説得しようとするのではなく、納得感を持たせるようにすることだ。このケースでは、Aさんが提案し、Bさんも賛同し、Cさんが書き出している。また、Cさんのみが書くのではなく、AさんやBさんも自分の意見やアイディアを書き込み、ホワイトボードの内容が、3名の共同成果物になっている。

ここが重要なのだ。解決策を〝協働して作成する〟ことにより、納得感が高まる。そのためには、ブレストの通常ルールである、自分から相手の提案を聞く、意見やコメントを求める、すぐに反論せず、論点を広げるような意見交換をする、これらが重要である。

次に、結論ありき、ではなく、合意案や解決策を一緒に考えるプロセスを重視することが重要だ。そのため、ホワイトボードなどを有効活用し、全員がわかるように書き出すのがベストだ。ブレストをする段階では、無理に結論を出すことはやめた方がよい。もちろん、交渉では最後に結論を出す必要があるが、この時点で大事なのは、選択肢を広げることと、創造的な発想を広げることの方だからだ。

さらに、この方法には心理的な効果も期待できる。交渉では、相手との距離や目の位置などが心理的に影響を与える（本章エピソード13参照）が、ホワイトボードなど、共通の平面に書き出す行為は、お互いの視線を対立から協調に変えやすく、また話す距離も自然と近寄るため、親近感を持った交渉がしやすくなる。このホワイトボードを使う方法は1対1の交渉でも有効だ。事前準備で書いたマップを手元に置きながら、交渉相手と相関関係を書きくわえながら整理するとさらに効果が高まる（田村次朗他、『ビジュアル解説

交渉学入門』、日本経済新聞出版社、2010年、166~167ページ参照)。

事前準備で作成したマップは、自分の交渉シナリオの整理、交渉チームでの情報共有に加えて、交渉相手とのブレストにおいても、有効に活用できるのである。なお、ホワイトボードのような書きやすいボードを準備できない場合は、白紙の紙に書くことでも代用できる。その場合は、A4サイズより、A3サイズくらいの大きめの紙を、交渉相手と共通のシートとして活用するとよい。

3 感想戦で学ぶ、相手の本音

ネタばらしから学ぶ相手の本音

交渉ゲーム終了後に交渉相手と秘密にしていた個別情報を交換し、お互いに議論する学習方法を「感想戦」と呼んでいる。

感想戦は、将棋、囲碁、チェスなどの対局が終了した後、対局を再現したり、振り返りながら、その局面の内容を検討するものだ。教育方法では、リフレクション（振り返り）と呼ばれているが、模擬交渉では、あえて感想戦と呼んでいる。特に、将棋のプロの感想戦はすばらしい。100手前に、なぜここに歩を打ったのかを覚えているだけでなく、説明できるのだから。

模擬交渉では、何分前にこう言ったのは……まで覚えていなくても、なぜ、最初にこの話からしたのか、個別情報にあるこの話をしなかったのはなぜか、という理由は話し合える。

ここが最も有効な学習時間となる。実際の交渉では、決裂した場合はもちろん、合意した場合でも、どのような交渉シナリオであったか、自分が出した条件をどう理解したかなど、ネタばらしや本音の感想は、言ってくれないのが普通だ。ここに模擬交渉の価値がある。これはシミュレーションであり、トレーニングの場である。役割を演じているのだから、気楽に本音を話すことができる。また、個別情報のどの情報を選択し、どの順番で、どのように話すかは、交渉者の選択に任されている。そのため、交渉者の個性も出れば、背景に理由もある。それをお互いに確認し、議論することは、今後の交渉のために非常に有益である。

❖情報が引き出せたのには訳がある

感想戦が始まると最初の数分は、会場がシーンとしている。相手の個別情報を黙々と読むからだ。その後、多くの交渉チームから歓声が上がる。「なんだ〜、こんなことを思っていたのか。びっくりした！」「こんないい話があるなら、もっと早く言ってくれればいいのに……」など、それからはお互いがなぜこの話をしたのか、なぜしなかったのかを話し続ける。

講師やＴＡ（ティーチングアシスタント、交渉学の継続学習者や将来、講師を目指す者が、講師のサポートをしながら、受講者の学習を支援する）が感想戦に割り込み、質疑応答を繰り返しながら、議論が続く。ここで重要なのは、〝なぜ〟という理由まで共有することだ。それでは、実際に行われた感想戦での議論をいくつか紹介しよう。

エピソード21
相手の個別情報シートから、本音を学ぶ！

売主役と買主役が1対1で売買取引を行う模擬交渉後の感想戦のシーンである。

売主役の個別情報には、こんなことが書いてあった。「買主役が、単純な価格値下げばかりにこだわるのであれば、この相手は見切って他の買主を探そう。ただし、もし今後もお付き合いしたい有望顧客であれば、買主にも魅力的な○○○の条件を出そうと思う」

感想戦でこれを読んだ買主役は、「しまった！　そうだったのか……」と大きな声を上げた。買主役は、これは売買の交渉であり、価格こそ重要で、自分の予算には限りがある

1対1交渉後の感想戦シーン

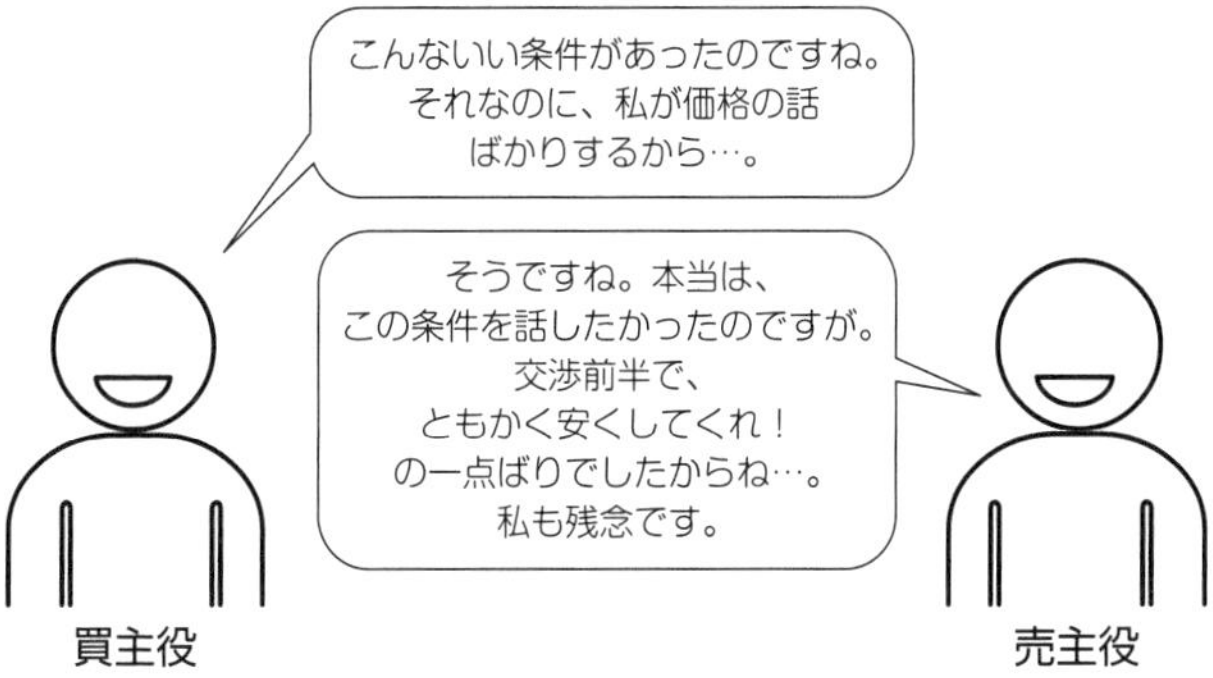
こんないい条件があったのですね。それなのに、私が価格の話ばかりするから…。
そうですね。本当は、この条件を話したかったのですが。交渉前半で、ともかく安くしてくれ！の一点ばりでしたからね…。私も残念です。
買主役
売主役

ので、できるだけ安く買いたい、という思いを強く持っていた。ところが、交渉には相手があり、相手も自分と取引したいと思う条件がなければ、自分の目標も達成できない、ということを忘れていた。

買主役は、見事にアンカリングの罠に掛かってしまった（第1章エピソード7参照）。また、感想戦でこの他にもいくつか収穫があった。売主役もこのままでよいと思っておらず、強制ブレイク後、価格以外の話に話題を変えようと努力していたこと、買主役はそれも見落としていたことだ。全く可能性がなかったわけではなく、もう少しだったことに気づいた両者は、どうすればよかったかを話し続けていた。

エピソード22

相手のバトナから、本音を学ぶ！

1対1で事業提携を争う模擬交渉後の感想戦のシーンである。

Aさんは、相手に事業提携のライバルがいるのかどうかが気になって仕方がなかった。模擬交渉後の感想戦では、まず、バトナ（BATNA、合意できない場合の代替案）を探してみた。しっかりバトナとその条件が書かれており、明らかに交渉中に、その条件と比較されていたことを実感した。

しかし、よく考えてみると自分の個別情報にもバトナが設定されている。相手は、自分と組むか否かの判断で、バトナの条件と比較していたが、自分は全く気にしておらず、この相手との提携が成立しない場合の保険程度に考えていた。

バトナを設定することには、交渉者が余裕を持てる、もしもの時の保険的効果も期待できるなどがある。しかし、一歩進んで考えれば、バトナの条件は、現在交渉している相手の条件との比較対象基準であり、バトナ以上の相手でなければ、組む必要はないのである。

1対1交渉後の感想戦シーン

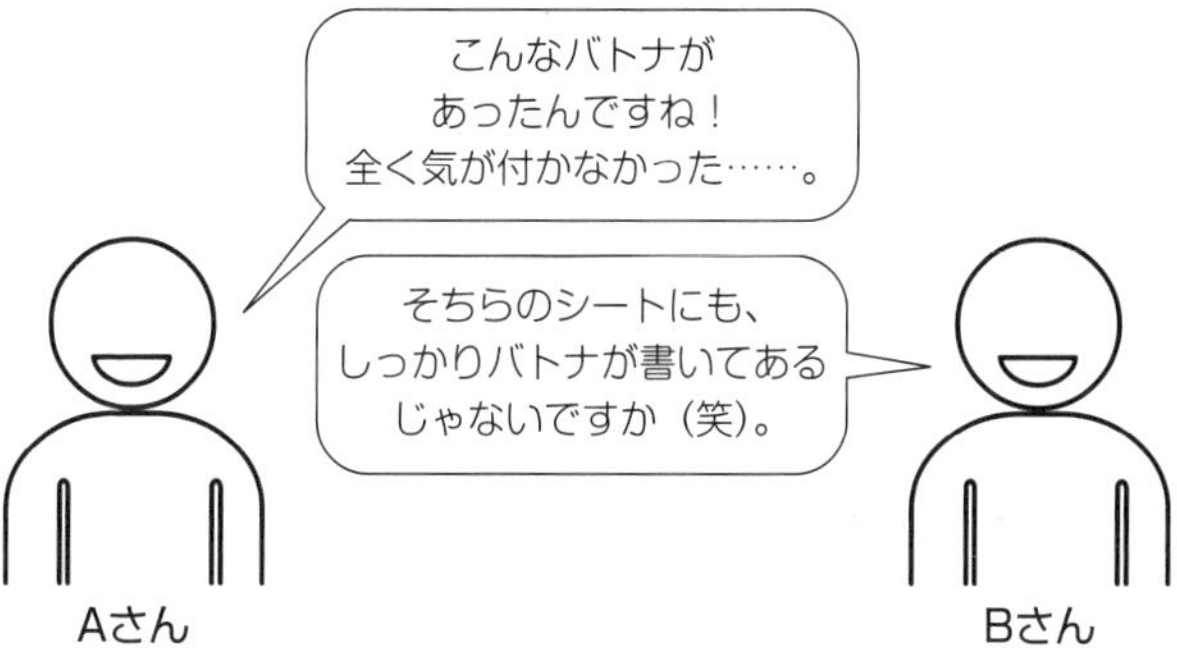
こんなバトナが
あったんですね！
全く気が付かなかった……。
そちらのシートにも、
しっかりバトナが書いてある
じゃないですか（笑）。
Aさん
Bさん

バトナを相手に明かすかどうかは、交渉者のオプションだ。バトナの存在を全く見せずに交渉する交渉者もいれば、あえてバトナと比較していることを開示し、相手にもバトナがあるかを探る交渉者もいる。

いずれが正解か不正解かという問題ではなく、交渉者がどのような交渉シナリオを作るかによるのだ。ただし、実際のビジネス交渉において、事業提携を争うようなケースでは、相手がバトナもなく交渉に臨むことは、少ないと考えるべきだろう。このチームの感想戦では、バトナを巡り、お互いがバトナをどのように考えていたか、そのバトナと比較して、今回の交渉条件はどうだったのか、また、バトナの存在を明かしていたらどうだったのか、など、議論が盛り上がっていた。

エピソード23

条件が合わない理由を探るコンテキストの共有!

事業提携を巡る1対1の交渉の感想戦のシーンである。

このケースでは、複数のアジェンダを並行して交渉し、組み合わせることにより提携の可能性が上がるように設計されていた。しかし、それぞれの条件は、個別に見るとすべてお互いの希望にかなり隔たりがあり、単に条件を相手に提示するだけでは、議論が平行線になるケースだった。

このチームは、交渉前半から、アジェンダ（協議項目）を議論するたびにかけ離れた条件に、何度も沈黙が続き、強制ブレイク後もその状況が好転しないまま、模擬交渉が終了してしまった。感想戦でお互いの個別情報を見て議論したが、どうすればよかったかがわからなかった。しかし、対戦相手との感想戦後、同じ個別情報を持ち、作戦会議をしたグループでの感想戦で、他の交渉結果を聞いて初めて理由がわかった。

感想戦は、対戦相手とも行うが、作戦会議のグループでも行う場合がある。このチーム

1対1交渉後の感想戦シーン

○○の件について、
私の希望は、XXX です。
その件について、
私の希望は、YYY です……。
かなり違いますね。
Aさん
Bさん

の課題は、コンテキストのレベルまで議論できていなかったことだった。コンテキストとは、物理的に認識できないもの、たとえば、背景、前後関係、文脈などである。一方、その対極のコンテンツとは、音声、文字、数字など物理的に認識できるものである（杉野幹人、内藤純、『コンテキスト思考　論理を超える問題解決の技術』、東洋経済新報社、２００９年、14ページ参照）。

個々の条件のコンテンツは、いずれもズレており、容易に合意しようがない条件だった。しかし、そのコンテンツの背景には、隠された事実や相手の意図が設定されていた。他の交渉チームの中には、コンテンツを相手に提示する際に、その背景やなぜその条件が自分に必要なのかをお互いに説明し合いながら議論したチームがあった。コンテキストまで共有しても、相容れない条件はあったが、お互いのミッション、他の条件とのバランスを考えるといくつも組む方法があったのだ。

この事例は、複数のアジェンダを交渉する場合によく起こるケースである。Aさんが○○した、Bさんが△△したい、という条件が合わない場合、表面的にはコンテンツが不一致なのだが、それぞれ隠された事実や意図などのコンテキストまで共有できると、それでも不一致の場合もあるが、組めるゾーンが見えてくる場合もある。仮に決裂した場合でも、コンテキストまで共有したうえであれば理由がわかるので、お互いに納得感がある。交渉の対象となる対立や衝突であるコンフリクトの原因を知るには、コンテキストまで踏み込んで交渉する必要があるのだ。

エピソード24

アジェンダ（協議事項）の順番が結果を変える！

1対1の模擬交渉後の感想戦シーンである。

1対1交渉の最初のシーン

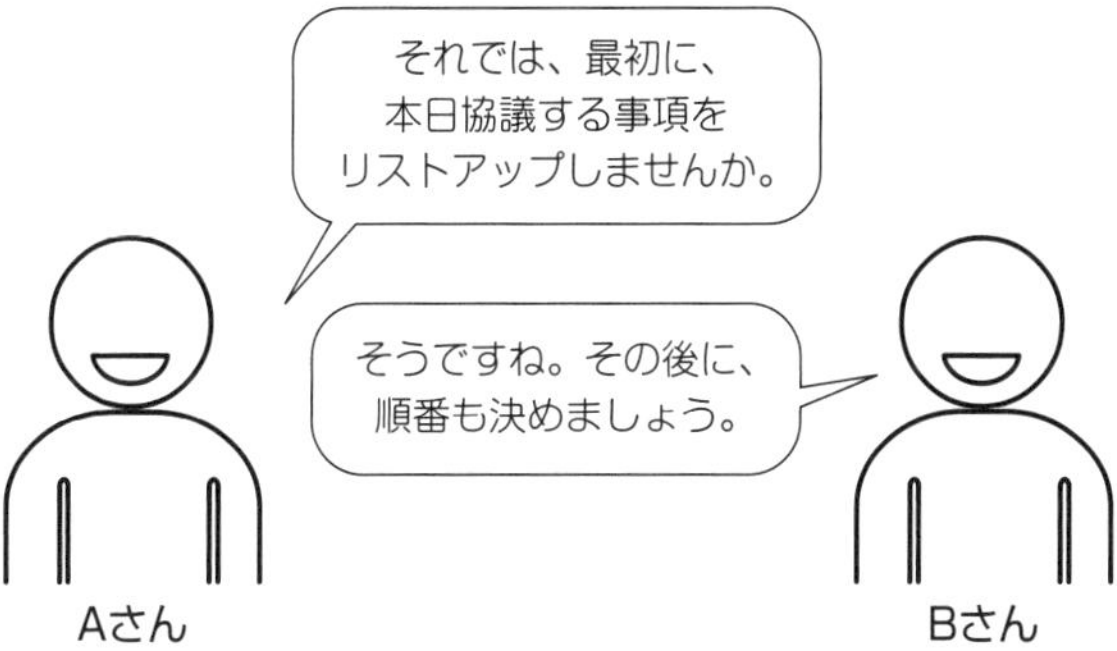
それでは、最初に、
本日協議する事項を
リストアップしませんか。
そうですね。その後に、
順番も決めましょう。
Aさん
Bさん

このケースでは、講師から、まずアジェンダ（協議事項）から交渉するように、とのガイダンスがあった。アジェンダとは、交渉で協議する事項のことである。複数の事項を組み合わせて議論する場合、論点や争点が複数にある場合は、アジェンダが重要な意味を持つ。何を交渉するのか、どの順番に交渉するのかが交渉の進展に大きな影響を与えるのである。

アジェンダから交渉したチームは、模擬交渉後、こんな話をしていた。この日は、1日で2ケースの模擬交渉を行う研修だった。Aさんは、最初のケースでは、何を、どのように議論するかのアジェンダを準備しておらず、模擬交渉では話の流れに合わせてしまったので、結局、時間切れで大事なことが十分に議論できなかったことを後悔していた。その反省から、アジェンダから交渉したことで、時間内に自分が考えていた交渉シナリオで議論できた。

一方、Bさんもアジェンダ交渉の過程で、どの項目を議論したいのか、それはなぜか、また、どの順番で議論したいのか、それはなぜか、という理由を確認しながら交渉できたので、その後、論点が明確になり、非常にスムーズだったと話していた。

これがアジェンダ交渉の効果である。ビジネス交渉では、アジェンダ交渉が重要であり、事前にメールや電話などで交渉してから、本格的な交渉テーブルにつくことも多い（田村次朗他、『ビジュアル解説　交渉学入門』、日本経済新聞出版社、2010年、94〜110ページ参照）。このチームは、もし、アジェンダ交渉をしなかったら、どんな交渉になったのだろうか、と議論を膨らませていた。

エピソード25

浅い合意で、本当に大丈夫？

1対1での商品の売買取引を巡る模擬交渉後の感想戦シーンである。

全体フィードバック後の感想戦シーン

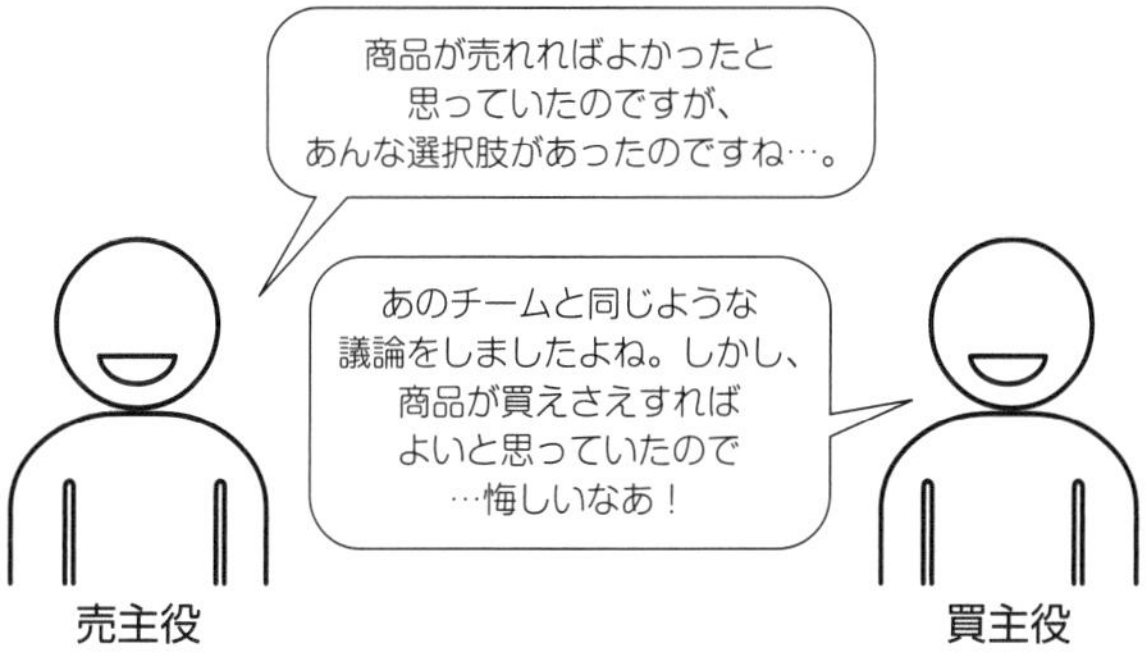
商品が売れればよかったと思っていたのですが、あんな選択肢があったのですね…。
あのチームと同じような議論をしましたよね。しかし、商品が買えさえすればよいと思っていたので…悔しいなあ！
売主役
買主役

あるチームは、交渉者二人がにこやかに「合意しました！」と大きな声で言い、講師に手を挙げた。まだ、模擬交渉の設定時間の終了前だった。講師のガイダンスで、お互いに合意した内容を書き出したうえで、終了時間後、感想戦に入った。感想戦でも、お互いに満足する売り買いでしたよね、と話しており、安心していた。ところが、講師の進行で、他の交渉チームの結果を聞く全体フィードバックの内容を聞いているうちに、この二名の顔色が変わった。

単なる売り買いを超えたクリエイティブ・オプションを考えて、いろいろな提携をしているチームがいたのだ。自分たちと同じ情報を持ち、同じ時間で模擬交渉しているのに、異なる結果なのだ。

さらに、講師から、過去の受講者がどのようなオプションを議論したかを聞き、さらにショックを受けた。自分たちも似たような議論をしていたのだが、詰めが甘かった。売り買いの条件が成立したことに満足してしまい、他の可能性を見落としていたのだ。それらが手の届くところにあっただけに、悔しい思いが残ったようだ。

この模擬交渉は、〝浅い合意〟のケースである。一定の条件では合意したが、さらに進んだ提携ができる可能性までは考えが至らなかったのである。せっかく単純な売り買いを超えた提携可能性があったにもかかわらず、浅い合意で満足してしまい、次のステップに進めなかったのである。

上級交渉者の中には、売買交渉であるのに、最初の交渉では、商品の価格などの条件交渉は一切行わず、相手がパートナーになり得るかのみに絞り交渉し、可能性があると見れば、最後の5分間で、次に会う約束を取り付ける。最初の交渉ではそこまでにとどめる、という交渉シナリオを準備している例もある。これが正解というわけではないが、アンカリング（第1章エピソード7参照）の罠を避けた有効な交渉シナリオの一つである。

❖リアルな実例から作る模擬交渉のケース

このように、感想戦は交渉相手との議論により、自分自身で結果をレビューできるところに価値がある。また、相手の個別情報を読み、相手の本音を聞くのは、まるで手品のトリックをネタばらししてもらっているようでもあり、楽しいものだ。

企業の研修や大学院の授業では、感想戦後、交流会を開催することがある。その時もあえて、交渉相手と一緒に座り、何時間も感想戦を続けたり、他のチームの結果を聞き、比較しながら、なぜだったかを議論し続けるのである。

次に、この模擬交渉で使用されているケースについて説明しよう。模擬交渉のケース作りには、ケースメソッドが用いられている。ケースメソッドとは、ケースに書かれている内容を討議する形式で進める授業法である（高木晴夫、竹内伸一、『ケースメソッド教授法入門』、慶應義塾大学出版会、2010年、3～4ページ参照）。仮想の事例から作るケースもあるが、実際のビジネスケースから開発する模擬交渉のケースについて開発方法を説明しよう。

その一　リアルな事例情報を書き出す

どのような当事者が、どのような立場で交渉に臨んだか、当事者の基本情報、事例の要素情報、論点となった議論、時系列の事実と転換点、および結論など、最初は、リアルな事例情報を書き出す。この時点では、ケーススタディー（事例研究）の場合と同じ方法だ。

その二　設計に基づき、論点の関係性を構成する

ここからが模擬交渉ならではの段階である。たとえば、1対1の交渉であれば、交渉の前提条件としてそれぞれが共通に知っておくべき情報を整理する。そのうえで、基本的な対立論点を決める。そして、相手に秘密にしておく個別情報の中に、隠された情報や論点を組み込み、対立から協調への展開の分岐点を組み込む。提携型のケース、クレーム対応型のケース、1対1、チーム交渉、多数当事者間交渉のケースなど、タイプにより設計が異なる。

その三　個別情報を書き換える

次に、個別情報を書き換える。リアルな事例情報と言っても、当然、すべての情報がわかるわけではなく、実際のケースにはなかったが、両者の交渉のバランスを考慮して、情報を追加している場合もある。また、社名や個別情報がリアルすぎると学習者がすでに知っている情報や経験がノイズとなり、学習の妨げになる可能性もある。模擬交渉のケースは、リアルな事例から作ったとしても、ケースメソッド（事例に基づく学習方法）に基づく教材である。教材では、誰が（学習対象者）何のために学習するのか（学習目標）が、設定されている。模擬交渉のケース教材には、学習者のための教訓が含まれている。

その四 実証実験を行いレビューする

この段階まで模擬交渉のケースができたら、実際に、実証実験によるレビューを繰り返す。たとえば、初級学習者向けの基礎的なケースであれば、想定する学習対象者がどの程度の時間で読み込めるかを試してみる。実際に、実証用ケースを用いて、交渉シナリオを準備し、作戦会議、模擬交渉、感想戦を行い、結果を検証して、ケースを磨いていくのである。

皆さんも、一度、模擬交渉にチャレンジしてみたくなったのではないだろうか。模擬交渉は、台本をもらって行う寸劇のようなものである。最初は、照れもあり、なかなかできないものだが、一度、経験してみるとその楽しさに引き込まれるだろう。

第3章

ビジネス交渉とは、契約交渉だ！

1 アジェンダから始める契約交渉

契約書の締結はビジネスのイロハ

ビジネスを進めるのに必ず必要なのが、契約書の締結である。契約書を形式的な書面と考える人もいるかもしれないが、そうではない。契約は、ビジネスの約束そのものであり、ビジネスにおける交渉とは、契約の交渉であると言っても過言ではない。

また、契約書は交渉の有効なツールでもある。契約そのものは、双方の意思表示が合致した時点で成立する。たとえば、売主と買主の交渉で、買主が「この商品を買いたい！」と意思表示し、売主が「いいですよ！」と承諾すれば、口頭であっても法律的に契約は成立する。

ただし、口頭で成立した契約は後で理解にズレが生じ、言った、言わない、の水掛け論になり、問題が発生しやすい。そのため、ビジネス交渉では、契約内容を契約書として書面にする。ビジネスの契約については誤解が多いので注意してほしい。よくある誤解例は、以下のようなものである。

その一　覚書や確認書は、契約書より法的効果が低い?

日本では、大学までにビジネス契約の基礎を学習する機会が少ないためか、社会人になっても、契約の基礎的な知識を持っていない人が多い。その中で、非常に多い誤解が、契約書の法的効果に関するものだ。

覚書や確認書は、「契約書」とタイトルが記載されている契約書より法的な効果が弱いと勘違いし、安易な合意や、内容をよく検討しないことによるトラブルが発生している。

契約のタイトル（標題）は、契約書の法的効果とは関係ない。基本契約書と題する契約を締結し、その傘下に個別契約書や覚書があり、双方の条件にズレがあった場合、どちらの条件を優先するかが決まっている契約書がある。この場合は、基本契約書の中や、個別契約書、覚書の中に、どちらの契約の条件を優先させるかが記載されているので、個別の条件・項目に関する優先関係がはっきりしている。

個別契約書や覚書と題しているから基本契約書より法的効果が低い、もしくは優先順位が低いという意味ではない。ビジネス交渉において、このような誤解を利用して交渉する相手に遭遇することがある。たとえば、「契約書では仰々しいので、法的効果の低い、覚書にしておきましょう。覚書なら、この程度の条件を書いても問題ないでしょう」と提案し、相手を油断させ、自分に有利な条件を取ろうとする交渉だ。

国際交渉では、日本人は契約に関する正しい認識が低いと考えて、「レターアグリーメントですので、大丈夫です」などと交渉してくる相手もいるので要注意だ。

その二　契約書には、印鑑を押していなければ、法的な効力がない？

次に多いのが、契約書の押印や捺印（いずれも印鑑を押すことだが、署名には捺印、記名には押印を使用する）を巡る誤解だ。最近、皆さんもいろいろな書類に署名（サイン）することが多くなったことだろう。クレジットカードを使用して買い物をする場合などだ。しかし、日本は、もともと印鑑社会であり、今でも印鑑や印鑑証明が必要な書類も多い。

さて、会社と会社が締結する契約書に押印や捺印は必要なのだろうか。契約書は、ビジネスの約束を証明する書類である。ということは、書類が複数あった場合、似ている書類で解釈が微妙な場合など、書類の優先順位が問われる。契約の証拠性において、法的な証拠能力の優先順位は、以下となる。

優先1：署名捺印、優先2：署名、優先3：記名押印、優先4：記名

皆さんの理解と合っていただろうか。署名は自らがサインする（自署）こと、記名は自署以外の方法（ゴム印、タイプなど）で名前を記載することだ。押印や捺印は、印鑑を押すことだ。ここで言う印鑑は、いわゆる社印ではなく、署名者、記名者を特定するための本人の印鑑である。

印鑑の証拠性が高いと思っていたのではないだろうか。しかし、逆に、署名の方が本人を特定しやすく、証拠性が高いのである。なお、日本のビジネスでは、社印が慣習的に用いられているが、社印は社内できちんと管理されていないと誰でも押印できてしまうこともあり、証拠性が低いので要注意だ。

残念ながら、この誤解に付け込む交渉もある。たとえば、「社印を押していませんので、会社を拘束するわけではありません。あなたの権限でこの合意書に署名してください」な

どと言って、交渉してくるのである。法律では、契約の相手方が、会社を代表していると見なされる場合（たとえば、管理職で会社の名刺を持っていたなど）、その合意内容は保護される（表見代理）。つまり、相手の立場や権限が一定の範囲であれば、その合意は法人を拘束すると見なされるのだ。社印のあるなしでごまかされてはいけない。

その三 契約違反をしても、契約書に損害賠償できると書いていないと請求できない？

契約はビジネスの約束である。その契約に違反した場合は、法律により三つの方法で対抗できる。

まず、①契約を解除できる。契約は期間が決まっているが、契約違反を理由に期間の定めにかかわらず、解除が可能である。

次に、②契約内容を強制的に履行させることができる。ただし、相手の同意なく、契約者が強制履行させることは禁止されており、裁判所などの手続きが必要である。

そして、最後に、③損害賠償を請求できる。損害賠償についても、誤解が多い。契約書に「〇〇の場合、損害賠償できる」と記載していないと損害賠償を請求できないと誤解しているのだ。

契約書の合意に違反した事実があり、その違反に対して損害が生じていれば、損害賠償は請求できる。少し無理な約束だが、損害賠償できると書いていないから、まあいいだろう、などと誤解して、契約してしまうと危険なのだ。契約はビジネス行為そのものだけに、これらの誤解をしているとトラブルが生じる。契約交渉の前提として、契約に関する法律について、正しく認識しておくことが重要なのである（知的財産教育協会、『知的財産検定2級公式テキスト③著作権法・不競法・独禁法等』、アップロード、2006年、82〜89ページ参照）。

❖契約書を見る三つのポイント

それでは、次に、契約書を見る時のポイントを説明しよう。以下の三つのポイントで見るとわかりやすい。

その一　目的と範囲

契約には、契約する目的があり、また目的に応じて、お互いに権利と義務を決める範囲がある。目的は、具体的な事業であったり、特定の案件であったりする。範囲は、会社と会社が契約する時でも、1対1の場合もあれば、複数の子会社や関係・関連会社を含む場合もある。この目的の範囲が、契約のいわゆる〝幅〟を決めており、よく見ておく必要があるポイントだ。

国内契約ではあまり用いられないが、国際契約（英文）では、契約の最初に、今回契約に至った背景やそれぞれが何を目指したか、時系列で契約当事者との関係性を明記する習慣がある（"Whereas Clause"と言う。契約の前文に契約の目的、動機、あるいは背景などが記載される）。

この方法は、目的と範囲に加え、契約までの過程がわかる。Whereas Clauseは、法的な拘束力を持たないと言われているが、交渉の視点から見ると合意条件に至る過程が記載されていれば、不幸にも紛争になった時、解釈にズレが生じて揉めた時に、相手のコンテキストを把握しやすくなる。そのため、交渉には有益な契約書の記載方法である。

その二　有効期間

次に、有効期間が重要である。契約の効力がいつ始まり、いつ終わるかを示すのが有効期間だが、一つの契約に複数の期間が決められていることも多いので要注意だ。たとえば、売買契約の場合、取引が行われる期間（契約全体の有効期間）、取引終了後、義務が残る期間（特定の契約条件の残存期間、秘密保持義務や紛争解決方法の指定など）がある。また、期間は数字で決まっているとは限らない。○○の状態になるまで、というように、数字ではない条件で決まっていることもある。

その三　権利と義務のバランス

契約は、権利と義務が記載されている合意文書とも言える。○○の目的で、△△の範囲が、◇◇の期間、□□の権利を持ち、▽▽の義務を負うことを複数の当事者が決めたものが契約である。どちらかの権利が一方的、どちらかの義務が一方的という契約もあるが、Win-Win関係を目指すパートナーシップ契約では、権利と義務のバランスが重要だ。単に、数が同じであるという意味ではなく、お互いに見合う権利と義務のバランスになっているか否かという視点で評価するのだ。

❖アジェンダ交渉とは？

次に、ビジネス交渉と契約との関係をより詳しく説明しよう。契約交渉では、お互いに主張する条件に対立や衝突であるコンフリクトがあるのが通常だ。

たとえば、売買契約の交渉において、買主はぜひ買いたい、売主はぜひ売りたいと思っても、それぞれの希望条件には当然差がある（金額だけではない。たとえば、決済条件も重要な要件になる）。そのため、このズレを乗り越えるためには、交渉が必要になる。ビジネス交渉では、複数の論点を並行して、または、組み合わせて交渉するのが通常である。そのため、交渉のスタート時点で、何を、どの順番で交渉するかを決めるアジェンダ交渉の重要度が増す。

アジェンダ交渉の進め方には、有効な方法があるが（田村次朗他、『ビジュアル解説交渉学入門』、日本経済新聞出版社、2010年、94〜110ページ参照)、ここでは、Win-Win関係の構築を目指して、交渉から次の事業展開につなげるための重要なタイミングとそのポイントを説明しよう。

タイミング1　何を交渉するかのアジェンダの項目を決める時
タイミング2　どの順番で交渉するかのアジェンダの優先順位を決める時
タイミング3　上記で決めたアジェンダを交渉の途中で変える時

アジェンダの選択には、必ず意味がある。大きな方向性から決めて、細かい条件に移る場合、逆に、実務的な細かい条件を積み上げて、その延長線上で、大きな条件に移る場合などがある。それぞれ交渉シナリオにより異なるが、必ず理由があるはずだ。なぜこのアジェンダを交渉したいのか、それがお互いに何を意味するのか、なぜこの順番なのか、つまりコンテキストをきちんと共有したうえで、希望するアジェンダの項目や順番を明示することが重要なのだ。

最初から最後まで、すべてが順調に進む交渉など、ほとんどないと考えてよい。必ず、デッドロックに陥ったり、思うように進まないのが通常だ。その時に、最初に行ったアジェンダ交渉の際に、双方が共有したコンテキストに戻ってみると次の展開につながるヒントがある。国際交渉や大型の企業間交渉では、アジェンダ交渉は、メールなどで行われることも多い。この時にも、単なるコンテンツの共有ではなく、コンテキストまで共有してみてほしい。

法律的な視点で見ると、契約書は双方の合意の証拠書類であり、裁判や商事仲裁などの紛争になった時の証拠性がポイントとなる。しかし、紛争がすぐに裁判などに至るわけではなく、通常は契約した当事者同士が交渉して、問題の解決策を模索し、当事者間で問題が解決できない、となった段階で、裁判等の第三者の法的な判断に問題解決を委ねる。

契約を巡る紛争交渉では、契約書に条件を交渉できるきっかけ、問題を解決できるヒントが記載されていると非常に有益である。中長期のパートナーシップでは、同じ会社同士の契約でも、契約締結を交渉した当時の交渉者と、紛争になり問題が発生して、交渉する時点の交渉者が異なる方が多い。締結時点の事情がわからない場合に頼りになるのは、契約書に記載している条件だ。

たとえば、日本の契約は〝別途、協議〟という条件が多く、あまり意味がないという方もいる。しかし、○○を協議する、と契約に記載することは協議は必ず行う義務がある、ということであり、交渉において有益だ。たとえば、裁判等の第三者に判断を委ねる前に、協議の義務があれば、お互いに協議のステップを飛ばせない。もちろん、協議＝解決ではなく、協議しても裁判などになる場合もある。しかし、協議のステップが保証されていれば、当事者間の交渉で解決できるチャンスが高まるのだ。協議の方法やルールまで決まっているとなお有効だ。

2 秘密保持契約は、パートナー探しの開始点！

秘密保持のメリットとデメリット

次に、具体的な契約タイプに基づき、契約交渉のポイントを説明しよう。

ビジネス契約で最も多い契約タイプの一つと言えば、秘密保持契約（NDA：Non-Disclosure Agreement）だろう。秘密保持契約とは、第三者に対して秘密にしたい情報を開示、または受領する必要がある場合の契約である。開示や受領のみのタイプ（片務契約）と開示と受領を双方が行うタイプ（双務契約）がある。そのポイントは、以下の三つである。

その一　受領した情報を秘密として管理し、第三者に開示しないことを約束する。
その二　受領した情報は、特定の目的の範囲のみで使用することを約束する。
その三　一定の期間、上記、一と二の約束を守り続ける。

特に注意すべきなのは期間である。契約では有効期間が複数に決められている場合があると説明した。秘密保持では、以下のように、一つの契約で複数の期間が決められていることが多い。双務契約を例にして説明する。

期間1　契約全体の有効期間

一定の期間（たとえば、契約の締結日から3年間）に交換したお互いの秘密情報が契約の対象となる。情報交換が行われる期間が決められている。

期間2　秘密保持義務の有効期間

期間1の終了後、受領した秘密情報を開示者に返却し、その後、一切の義務を負わない契約もある。また期間1の終了後、一定の期間（たとえば契約の終結日から3年間）は秘密保持義務を負い続ける契約もある。この場合、期間1の契約締結の最初の年に受領した情報は、受領後から合計すると6年間秘密保持義務を持つことになる。さらに、秘密情報の種類や重要性により、期間の定めなく、秘密保持義務を負う場合もある。ただし、この場合でも、一定の条件（たとえば、情報が公知になった場合など）には、秘密保持義務が終わる契約が通常なので、数字で期間が決まっているのではなく、条件で期間が決まっている。

❖秘密保持から生まれる継続的パートナー

それでは、なぜ、企業は秘密保持契約を締結しようとするのだろうか。ケースごとにいくつかの理由があるが、パートナーシップ構築のための秘密保持契約の例を考えてみよう。

パートナー探しの第1ステージは、「誰と組み、誰と組まないかを決める」段階だ。この段階では、秘密保持の義務なく、オープンな情報交換で相手を探すこともできる。しかし、技術提携であれば、相手がどのような技術を開発しているのか、営業提携であれば、相手がどの顧客とどんなビジネスをしているのか、相手の懐に飛び込んで情報を共有し、意見交換をしないとより深い関係になるパートナーを探すのは難しい。そのため、秘密保持契約は、第1ステージの入り口のドアノックツールとして必要なのである。

図3　秘密保持からパートナーへ

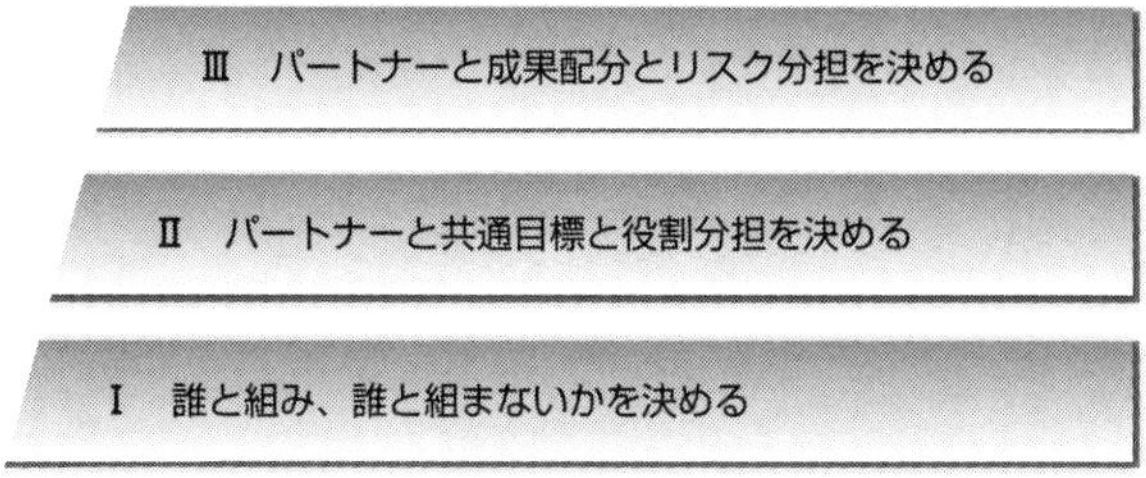
Ⅲ　パートナーと成果配分とリスク分担を決める
Ⅱ　パートナーと共通目標と役割分担を決める
Ⅰ　誰と組み、誰と組まないかを決める

ステージⅠ	ステージⅡ	ステージⅢ
情報交換	共同研究・開発	提携ビジネス

次の第2ステージは、「パートナーと共通目標と役割分担を決める」段階だ。秘密情報を交換し、組める可能性が出てきたが、どのレベルで組めるかまではわからない、まずは、一緒に共通目標を決めてスタートしてみて、次の段階が決まる、という状況だ。たとえば、メーカー間であれば、共同開発契約を締結して、技術を出し合って、新製品の試作品を作り、その内容を検証したうえで、次の段階を目指すのだ。

次の第3ステージは、「パートナーと成果配分とリスク分担を決める」段階だ。第2ステージとの違いは、この段階では、具体的な事業が見えてきているところにある。たとえば、販売提携、O

EM取引契約（OEM：Original Equipment Manufacturer、相手先ブランドの取引）、製造合弁会社、販売合弁会社の設立などのビジネスの提携関係である。この段階では、利益の配分と同時に、リスクの負担が交渉される。

つまり、秘密保持契約を締結することは、お互い、秘密にしたいレベルの関係に踏み込むことであり、継続的なパートナーシップへの第一歩を踏み出す行為なのである。秘密保持契約は、取引開始検討時点の儀式であるかのようにとらえ形式的に締結し、内容と実態が乖離してしまうことも多いが、それでは、パートナーシップ交渉につながる契約にはできない。なぜ、秘密保持契約を締結し、何を目指すのかを考えて、有効に活用してほしい。すべてのことには理由があるのだ。

3 契約タイプ別の交渉ポイント！

それでは、契約をタイプ別に見て、交渉する場合のポイントについて、具体例を挙げて説明しよう。契約のタイトル（標題）が、法的な効力に関係しないことは説明した。標題は、慣習的に単に契約書や覚書と書くこともあるが、〇〇契約書と記載することも多い。
以下では、業界ごとによく使われる契約の標題ごとに、Win-Win 関係を作るためのパートナーシップ交渉という視点で見た交渉のポイントを説明する。

エピソード26
売り買いだけではない売買契約、ルールを交渉せよ！

売買契約と言えば、価格のみに焦点が当たるが、それだけではない。ビジネスの契約では、価格のみで判断されて売買されることは少なく、メーカーでは、QDCs（Quality：品質、Delivery：納期、入手性、Cost：価格、Service：サービス）が総合的に評価される例をご紹介した。買主と売主が、単なる売り買いの関係ではなく、それを超えたパートナーになった場合、どのような契約条件が考えられるだろうか。

〝バランスト・スコアカード（BSC：Balanced Score Card、バランス・スコアカードとも言う）〟というものをご存じだろうか。ハーバードビジネススクールのR・S・キャプラン教授とD・ノートン氏が、ハーバードビジネスレビュー誌上に発表した業績評価システムである。

このBSCを使ってパートナーとの取引条件を決めている例がある。エレクトロニクス業界の例だが、完成品メーカーが部品メーカーとの取引、または、EMS（Electronics Manufacturing Service、電子機器の委託製造）に製造委託する取引において、パートナーの選択では価格も重要な要素の一つだが、価格のみで決めるわけではない。BSCは、業績評価を決める通知簿のようなものであり、その交渉は、評価ルールの交渉とも言える。

バランスト・スコアカードの評価を巡る交渉シーン

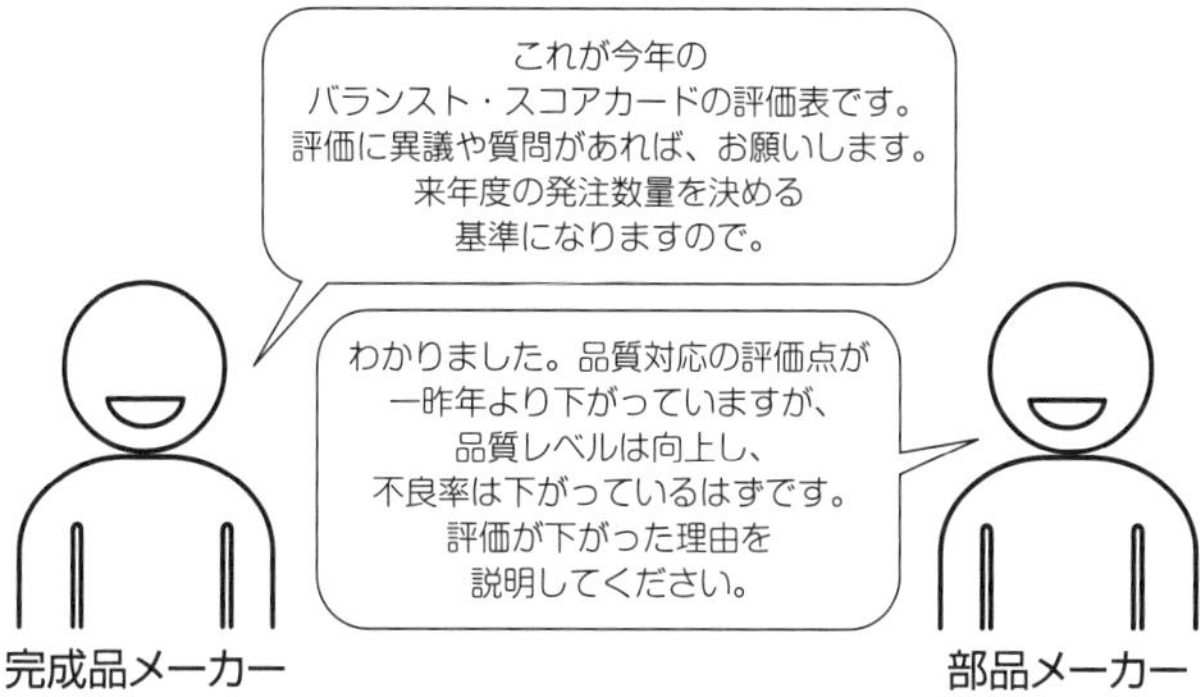
これが今年の
バランスト・スコアカードの評価表です。
評価に異議や質問があれば、お願いします。
来年度の発注数量を決める
基準になりますので。
わかりました。品質対応の評価点が
一昨年より下がっていますが、
品質レベルは向上し、
不良率は下がっているはずです。
評価が下がった理由を
説明してください。
完成品メーカー
部品メーカー

上の事例では、すでに評価基準が決まった後に、適用された内容のズレを交渉している。これは、適用の交渉である。ＢＳＣのような評価基準を決める時は、ルールの交渉が重要だ。しかし、どんなルールも適用の段階で、解釈がズレたり、想定していない状況が起こるものだ。そのため、適用の交渉も必要だ。適用の交渉の結果、ルールに問題があれば、ルール改訂の交渉をすればよいのだ。ルールの交渉をする際に、改訂まで見据えて改訂ルールを決めておくとなおよい。

この事例は、ＢＳＣという評価基準のルールを合意することにより、どのような関係になるかを決めている。売買の取引でも、総合的な視点でお互いを評価して、パートナーを決める方法があるのだ。

エピソード27

リスクもチャンスも二人三脚の共同開発契約！

共同開発契約（もしくは共同研究開発契約）とは、複数の会社や個人が共同でテーマを決めて、開発や研究を行うためのルールや条件を定めた契約である。

たとえば、二つのメーカーが、それぞれ得意分野の技術を相手に提供し、一緒に一つの目標に向かって共同で研究や開発を行うのだ。

共同開発契約で重要なことは、他の提携交渉と同じく、お互いのミッションが共有できていることだ。お互いが自社で開発した技術を出し合い、共同で同じ方向を目指すのであり、ミッションが共有できない相手との共同開発はトラブルが生じたり、不幸な結末が生まれやすい。お互いに、なぜ、この相手と共同開発するのか、共同で行うことで目指すものは何かを考えなければならない。当たり前のようだが、この議論が最初にしっかりされていないとその後に発生する問題の火種になる。

共同開発契約の交渉シーン

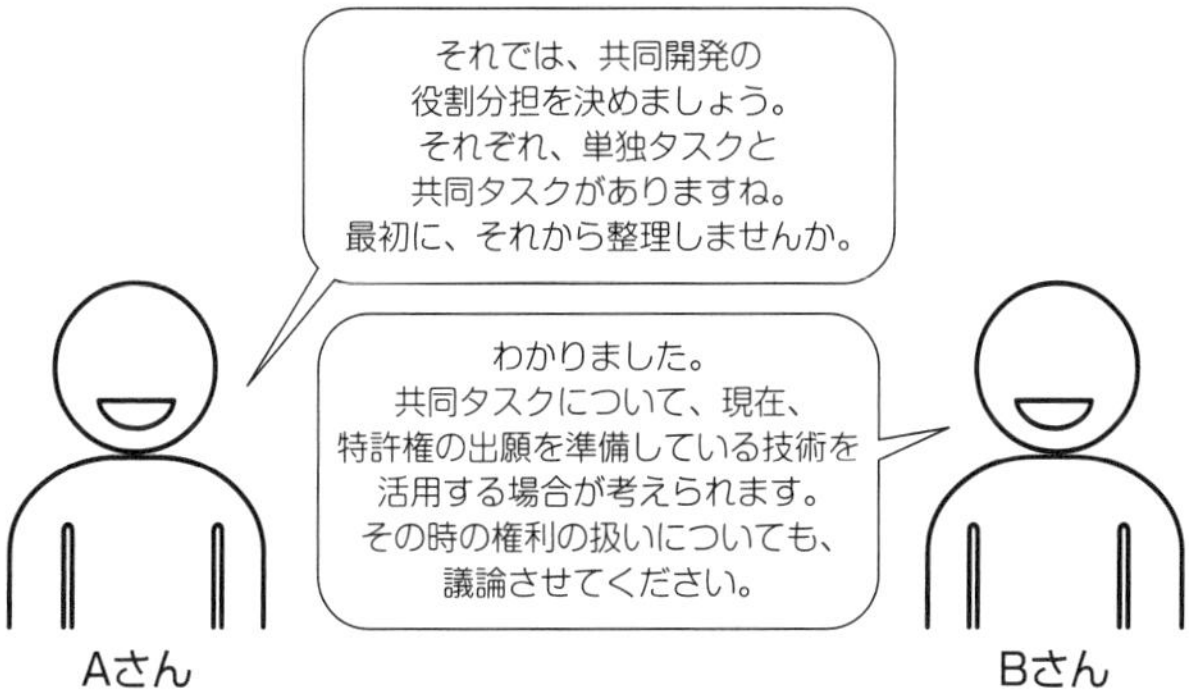
それでは、共同開発の
役割分担を決めましょう。
それぞれ、単独タスクと
共同タスクがありますね。
最初に、それから整理しませんか。
わかりました。
共同タスクについて、現在、
特許権の出願を準備している技術を
活用する場合が考えられます。
その時の権利の扱いについても、
議論させてください。
Aさん
Bさん

共同開発とは、二人三脚のレースを一緒に行うようなものだ。二人三脚のメリットもあれば、デメリットもある。その一つは、役割分担と権利の問題だ。通常、共同開発で何か成果物を目指した場合、すべての行為が共同であることは少なく、それぞれが単独で行う行為（単独タスク）と共同で行う行為（共同タスク）に分かれている。これを曖昧にしておくと、成果物ができた時にトラブルとなる。

メーカーであれば、当然、すでに開発中や特許出願を予定している技術がある。今回の共同開発以外の目的にも自由に使いたいこれらの技術を、安易に共同タスクに入れてしまうと、完成し成果物となった段階で権利の問題が生じる。

たとえば、完成した成果物から特許権が生まれたとしよう。その特許権が共同行為から生じたとして、共同出願して権利化されたとする。そうなるとその権利について、それぞれが自分で特許権を使う場合（〝実施〟と言う）は自由だが、第三者に使わせること（〝実施権のライセンス〟と言う）は相手の許可がいる（日本の特許法の場合）。A社にとっては、ぜひ使ってほしい企業だが、B社にとってライバル企業に塩を送ることになるのでNG、という場合があるのだ。まさに、二人三脚である。

次に、権利帰属とリスク分担のバランスである。単独タスクの場合は、比較的、明確だが、共同タスクの場合は注意が必要だ。共同タスクの成果は、何でも共有、とすると初期の交渉としては楽だが、トラブルは契約の終了時点でやってくる。また、発明者ではない人物を安易に発明者として加えると、権利が無効になるリスクもある。

最初は、2社が前向きに一緒に新しい価値を生み出しましょう！という段階なので、できた成果も一緒がいいですね、という条件になりやすい。しかし、お互いが期待した通りの成果をあげるとは限らない。期待以下の場合はもちろん、期待以上の成果を出した時も問題は発生する。お互いの貢献度合いが違う、もしくは、共同タスクとは名ばかりで、一方が全く貢献していない、という場合などだ。それでも、成果を共同のものとして、単純に案分してしまうと納得感がない。

また、特許権が取得できることは、良いことばかりとも限らない。不幸にも他人の特許権を侵害しているかもしれない（企業の知的財産権は、他の企業によって意識的・無意識的に侵害される危険をはらんでいる。米山茂美他、『日経文庫　知財マネジメント入門』、日本経済新聞出版社、２００４年、33ページ）。魅力的な特許権だから、第三者から買収を掛けられるかもしれない。特許権は法律が保護する強い権利だが、公開される制度であり、特許権を取得することにはリスクもあるのだ。これらのバランスを取って、交渉する必要がある。

これらの問題を先送りし、まずは、一緒にがんばって良い成果をあげてから、とするとトラブルが発生しやすい。良い成果をあげた場合も、悪い成果の場合も、その時点では、どちらも冷静になれない可能性が高いからだ。

しかし、結果が出ていないのに、条件を決める交渉は可能なのだろうか。そこで重要なのが、やはりルールの交渉である。どのような条件の場合に、どのような対応や保証をするかを、場合分けして議論し、適用するルール自体を交渉して決めるのである。共同開発契約の交渉が頓挫したり、成果物ができた後に起こるトラブルの多くは、最初にルールを交渉することでかなり軽減できる。

エピソード28

持てる者だけが強いわけではない特許ライセンス契約!

特許ライセンス契約とは、特許権の権利者が自分の権利を第三者に使わせる(〝実施〟という)契約のことだ。特許権は、法律により技術的なアイディアを独占することもできる強い権利だ。したがって、特許権は権利を持てる者が非常に強い立場を取れる。

しかし、特許権の権利を持ち、ライセンスを与える者(〝ライセンサー〟と言う)とライセンスを受ける者(〝ライセンシー〟と言う)は、ライセンサーが一方的に有利なのだろうか。同じメーカー同士が、特許権のライセンスを巡る交渉をしているケースで考えてみよう。

特許ライセンス契約の交渉シーン

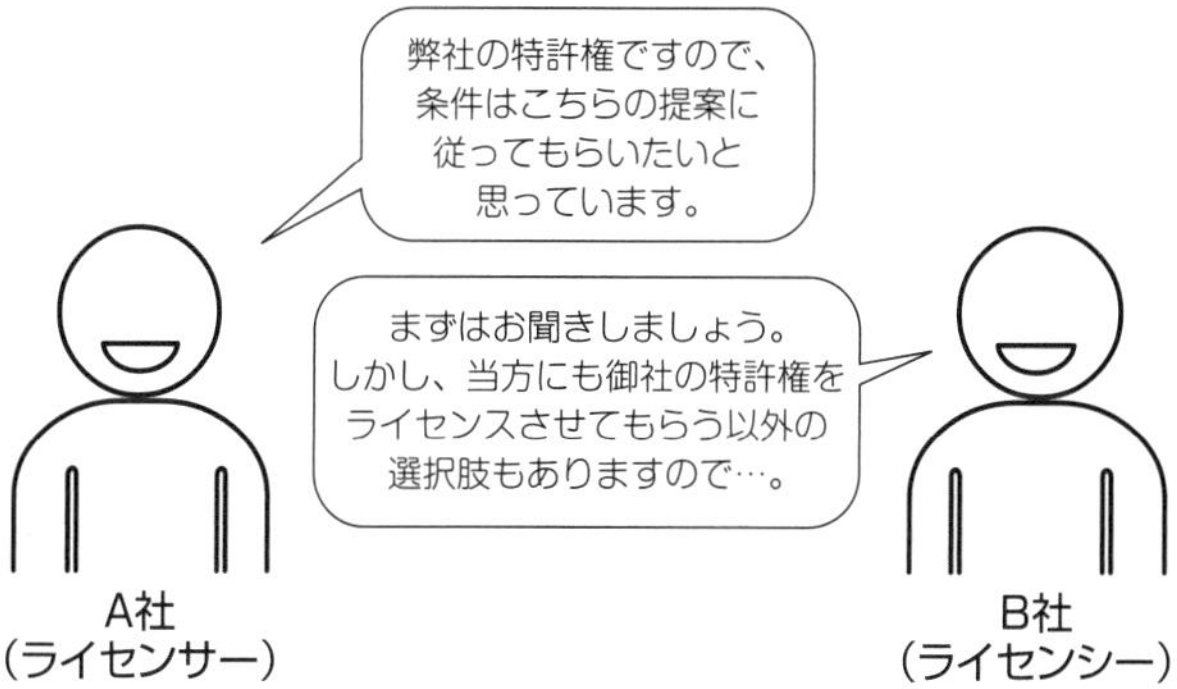
弊社の特許権ですので、
条件はこちらの提案に
従ってもらいたいと
思っています。
まずはお聞きしましょう。
しかし、当方にも御社の特許権を
ライセンスさせてもらう以外の
選択肢もありますので…。
A社
(ライセンサー)
B社
(ライセンシー)

両者の立場を〝持てる者と持たざる者〟と考えるとA社が有利に見える。しかし、お互いにメーカーであること、にもかかわらずB社が特許権を使いたいと言っているのには必ず理由がある、と考えると状況は変わってくる。

B社は類似の研究開発をしていたが、A社が先に特許権を取ってしまったのかもしれない（特許権の成立には、新規性が必要であり、早い物勝ちの側面がある）。または、特許技術の内容により、回避して設計できるが、そのコストと時間を考えるとライセンスを受けた方が得と考えたのかもしれない。または、本件を通じて、A社との関係を作り、他の事業のパートナーになり得るかを見極めたいのかもしれない。

表面的に表れているのは、特許権をライセンスするか否かだ。そこだけに注目すると、いくらでライセンスするかの価格交渉になりやすい。この時点では、Ａ社が権利を持っているため有利なポジションにある。しかし、それをベースにパワープレイを行うと、Ａ社の特許権が無効になってしまったり、Ｂ社が権利を持っている別の特許権をＡ社がライセンスしてほしい、もしくは侵害してクレームを受ける、というパワーの源泉を失った時に拠り所を失う。また、Ａ社からＢ社に無断で実施しているとクレームする場合でも、Ｂ社が認めない場合には、第三者の鑑定を取ったり、裁判などで争うことになり、費用と時間がかかることになる。

交渉では、相手の出方はこれしかないという先入観や固定観念があったり、ＹｅｓかＮｏかの発想の二分法では、選択肢を狭めるためリスクが大きくなる。特許権は、強い権利だが、ライセンスする場合、または侵害を見つけてクレームする場合でも、相手がどのような背景を持っているのか、この特許権をライセンスする、またはクレームする以外の選択肢はないのかを絶えず考えて、選択肢を広げておく必要がある。

秘密保持契約が、パートナーシップを構築するきっかけになるように、特許権のライセンス契約の交渉や、侵害のクレーム交渉をきっかけに、中長期的なパートナーシップ関係になった例もある。交渉の初期段階で、選択肢を広げて交渉することが、ビジネスの成功確率を上げるのだ。

エピソード29

原作者がジョーカーを持つ著作物等管理委託契約！

著作物等管理委託契約とは、作家や漫画家などの著作物の著作者が出版社やエージェントなどと、著作物を管理し活用する条件を決める契約である。

著作物の権利（〝著作権〟と言う）は、著作者（原作者）にあるが、それを管理し、活用する行為を第三者に委託するものであり、原作者が出版社やプロダクションと代理人契約を締結しているとも言える。次のページの図は、原作者と著作物等管理委託契約を締結している代理人の出版社と、その原作をTVドラマ化したい放送局との交渉シーンである。

出版社は代理人であり、著作者ではない。しかし、著作者と出版社の間には、一定の条件で交渉が委任される契約になっている。

原作のTVドラマ化の交渉シーン

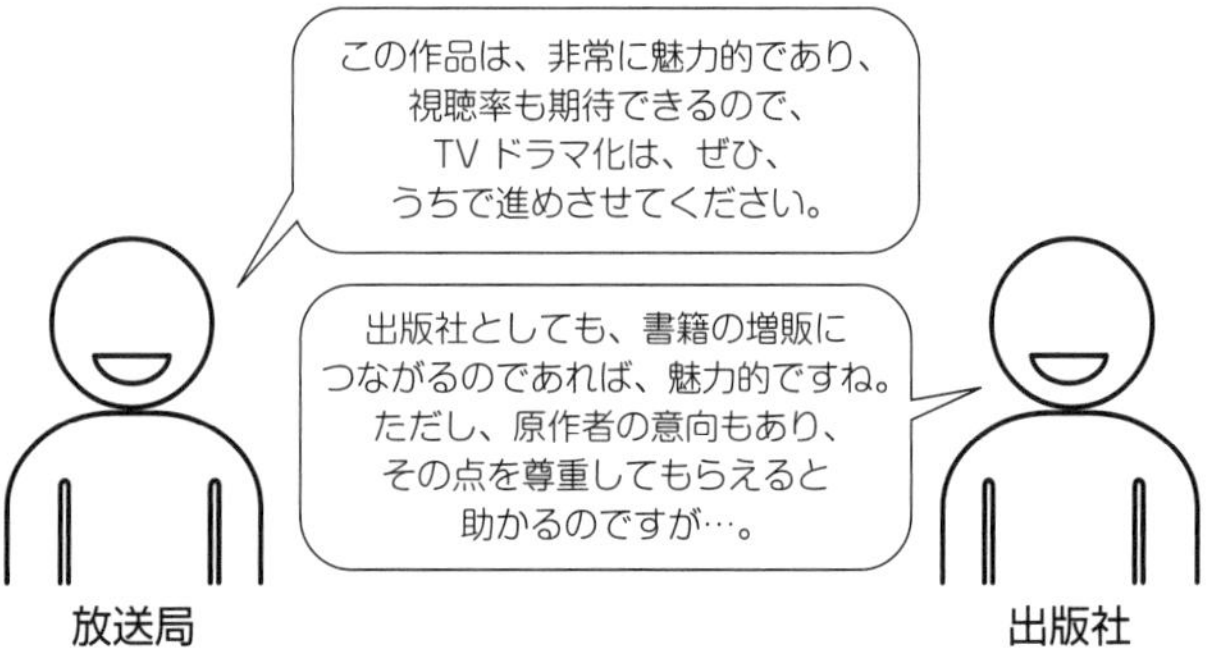
この作品は、非常に魅力的であり、
視聴率も期待できるので、
TVドラマ化は、ぜひ、
うちで進めさせてください。
出版社としても、書籍の増販に
つながるのであれば、魅力的ですね。
ただし、原作者の意向もあり、
その点を尊重してもらえると
助かるのですが…。
放送局
出版社

たとえば、映画化など、ワンソースマルチユース（一つのコンテンツソースをマルチ展開すること。TVドラマであれば、DVD化、映画化、関連グッズ、海外への展開などが考えられる）を誰と進めるかということと著作権料の判断は、一定の条件で、出版社に任されているとしよう。この場合、出版社と放送局にどのようなパートナーシップが考えられるだろうか。

放送局は、地上波か、衛星放送、オンデマンドなどの有料放送かにより異なるが、多くの視聴者に注目されることに価値がある。一方、出版社は、書籍がビジネスの中心であり、書籍の販売に貢献できることに価値があるとしよう。2社は、ワンソースマルチユースを目指して、価格（著作権料）、納期（いつから始めるか）などを交渉することになる。

ここで重要なことは、この交渉シーンには登場していない著作者である原作者をどう扱うかである。原作者は、著作者であり、著作権者である。著作権には、契約やライセンスにより譲渡できる、

「著作財産権（複製権・展示権・頒布権・譲渡・貸与権・翻訳・翻案権・二次的著作物利用権・公衆送信権・公衆伝達権）」と、譲渡できない、

「著作者人格権（公表権・氏名表示権・同一性保持権）」

がある。著作者人格権は、原作者が著作物等管理委託契約を出版社と締結し、著作物の管理を任せたとしても、著作者に残る権利である。特に、同一性保持権は、著作者の意に反する改変などが禁止できる権利である。たとえば、放送局と出版社との交渉において、視聴者の注目を集めるために原作のストーリーを変えるなどの改変をしたい場合、たとえ出版社が合意しても、原作者に禁止権が残っているのだ。

最近は、原作マンガがＴＶドラマ化され、その後、映画化、ＤＶＤ化、海外への展開などワンソースマルチユースされる例が増えている。一方、原作者との交渉が十分でないま

まにビジネスが進み、後で原作者がジョーカーとも言える著作者人格権を行使し、意に沿わない展開を止めてしまう場合もある。

このケースは、出版社には出版社の利害があり、放送局とのパートナーシップを目指す交渉である。しかし、原作者という交渉に登場していないが生殺与奪を握っている存在を、2社のパートナーシップ交渉の味方にできるか否かがこの交渉のポイントとなる。また、ワンソースマルチユースは、中長期的なパートナーシップで成り立つビジネスモデルである。したがって、コンテンツを生み出す源泉である原作者もパートナーとすべきである。その意味でも、著作権の問題にかかわらず、原作者の意向を尊重したり、原作者を含めたパートナーシップを構築しないと成功確率を上げるのは難しい。

エピソード30

出演契約は、プロダクションと放送局とのパートナー契約!

出演契約とは、TV局などの放送局と所属タレントを持つプロダクションがタレントのTV出演について締結するものである。

出演契約の交渉シーン

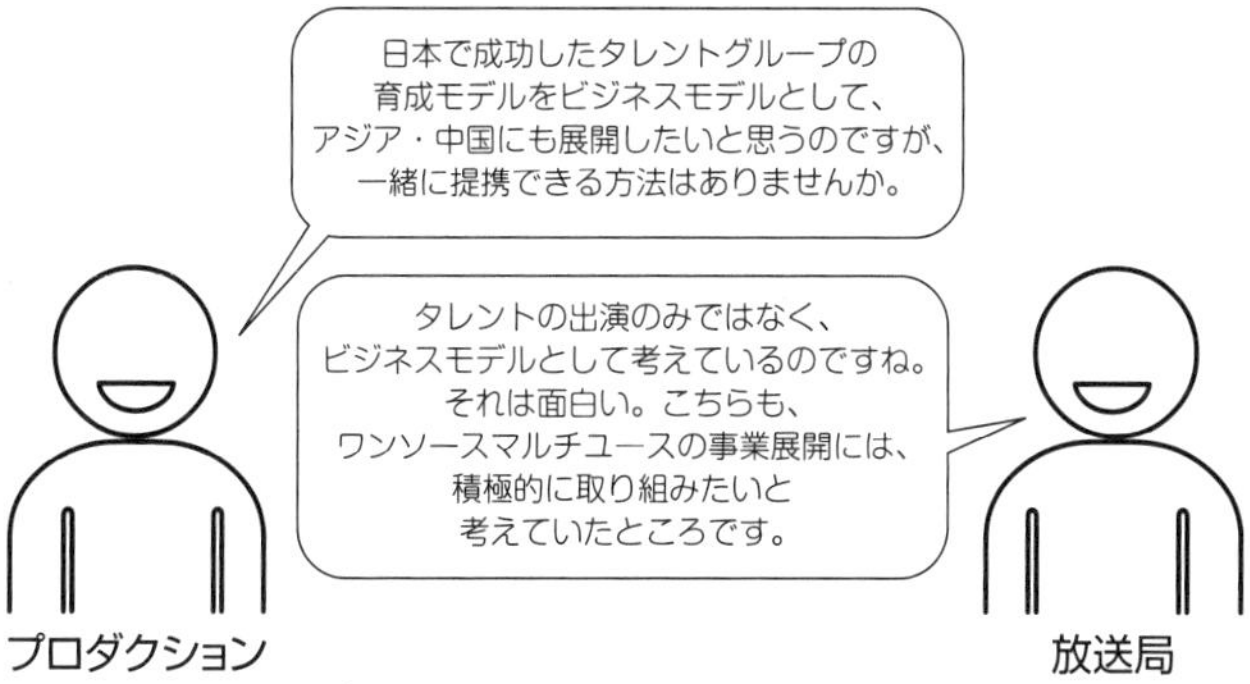
日本で成功したタレントグループの
育成モデルをビジネスモデルとして、
アジア・中国にも展開したいと思うのですが、
一緒に提携できる方法はありませんか。
タレントの出演のみではなく、
ビジネスモデルとして考えているのですね。
それは面白い。こちらも、
ワンソースマルチユースの事業展開には、
積極的に取り組みたいと
考えていたところです。
プロダクション
放送局

放送局は、視聴率が上がることが収益貢献につながるビジネスモデルである。またプロダクションは、所属タレントの出演機会が増えることが収益貢献につながるビジネスモデルである。出演契約の骨格は、誰が、いつ、どのような番組に出演し、いくらの出演料とするか、という請負契約である。しかし、視点を変えると双方がパートナーとして組める関係も考えられる。

たとえば、プロダクションが育成したい新人タレントを放送局と一緒に出演によるテレビ露出度を上げて育てる育成型モデル、または育成方法の提供を海外ライセンスするような展開が考えられる。または、有力タレントを活用し、日本のみならず、アジア・中国への展開を視野に入れたドラマ、主題歌、映画などのコンテンツを共同開発する、などである。最近の韓国のタレント育成や海外展開は、このようなパートナーシップを戦略的に展開しているので興味深い。しかし、日本には、それ以上のポテンシャルがあるはずだ。

単なる請負契約が、パートナーシップ契約になるか否かは、双方が戦略的な交渉シナリオを考えて、パートナーと考えて交渉する必要がある。それができれば、十分可能なのである。先ほどの例（本章エピソード29）では、コンテンツのクリエイターである原作者は出版社のパートナーであった。この事例では、価値を生み出す源泉であるタレントも所属プロダクションのパートナーと言える。タレントのプロダクションと所属問題が報道されることもあるが、タレントという優良コンテンツをどのように育成し、活用するのかは、お互いに良きパートナーとして交渉できるか否かに掛かっている。

エピソード31

バードアイで見るとわかるＩＴサービス業務委託契約！

ＩＴサービス業務委託契約とは、情報システムの開発や運用・メンテナンスなどを第三

1対1の交渉シーン

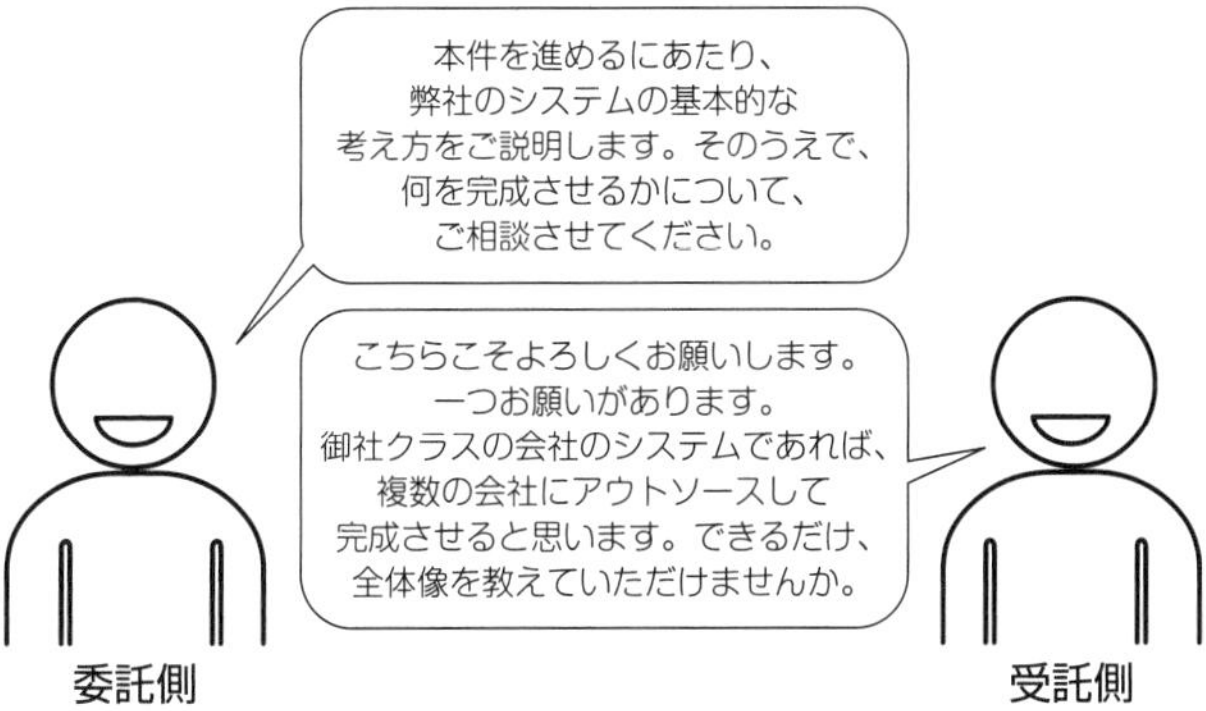
本件を進めるにあたり、
弊社のシステムの基本的な
考え方をご説明します。そのうえで、
何を完成させるかについて、
ご相談させてください。
こちらこそよろしくお願いします。
一つお願いがあります。
御社クラスの会社のシステムであれば、
複数の会社にアウトソースして
完成させると思います。できるだけ、
全体像を教えていただけませんか。
委託側
受託側

者に委託する際に行う契約である。

委託という言葉が使用されるが、仕事の完成を、約束する契約（〝請負〟と言う）と専門家としてサポートする契約（〝準委任〟と言う）とその二つが混合しているタイプがある。また、物品を納品する売買契約を締結する場合もある。

ここでは、ある企業がITサービス事業者に社内のネットワークシステムの構築を、請負契約として、契約する場合の例を考えてみよう。請負契約では、システムの構築を双方が合意した技術仕様書（スペック）に従って行うものである。

ここで重要なのが、「何をもって完成と見なすか」という点を契約時点で十分に交渉し、合意しておくことである。特に、一定のレベルのシステムであれば、複数のベンダーに委託したり、一部、第三者との共同開発が組み込まれている、ということは珍しくない。本件取引のみを見ると全体の一部しか知らなくてもよいかもしれないが、全体を共有することにより、本件取引で、何を完成させればよいかが見えてくる。

あるソフトウェアの開発者が新しいシステムを開発する前に、技術仕様を要望する相手にこのような話をしていた。「開発の初期段階で、技術仕様を決める際に、現段階で必要な機能や用途のみでなく、将来、期待している拡張性や用途展開があるのであれば、すべて教えてほしい。もちろん、費用対効果や時間などを考えて、最初から拡張性や用途展開ができるわけではない。しかし、自分は設計者として、全体像をつかんだうえで、設計に入りたい。その方が、バグ（プログラムの欠陥）が生まれにくい。さらに、将来、拡張する場合に必要なインターフェイスを作っておくこともできる」。これは、何を意味しているのだろうか。

プログラムのようなソフトウェアは、ハードウェアと異なり、アメーバのようで柔らかく何でもできるが、どんな形になるかがわかりにくい。そのため、最初にきちんとどのような機能が必要であるかをお互いに交渉し、合意しておく必要がある（このプロセスを〝要件定義〟と言う）。この段階は、まさに交渉であり、ミッションを共有し、ゾーパで議論し、バトナを意識しておく必要があるのだ。

このビジネスで問題が発生する場合の多くは、契約当初の要件定義が曖昧なままスタートし、完成してもお互いが納得しない場合が多い。もともと何が合意だったかがわからないので、交渉が紛糾しやすい。そして、不幸な場合には、裁判などの第三者の判断に委ねられるのだが、もともとの合意が不明確だと裁判などでも判断が難しい。

ＩＴサービス業務委託契約では、最初の交渉で、お互いのコンテキストを共有し、この契約で目指すべき共通目標を決めたうえで、何を完成するかをきちんと議論することが、将来のトラブルを防ぐ契約交渉になるのだ。ただし、技術仕様や案件によっては、最初にすべてを決めることが難しい場合も多い。その場合でも、事前に途中の段階で協議して決めるプロセスや、最後の段階で完了する基準を交渉することはできる。最初に厳密に定義できないから決めない、という判断ではなく、できることを決める、決めるためのルールを決める、という方法を用いれば、お互いに実のある交渉ができるのだ。

エピソード32

発注者と受注者が対等の請負契約とは！

請負契約は、仕事の完成を約束する契約だが、完成後の成果物であるシステムの権利の取り扱いがトラブルの種になることもある。次ページの図は、発注者と受注者が請負契約の成果物の著作権を巡る交渉を行っているシーンだ。

対価を払えば、システムという成果物＋権利がもらえるのは当然、と思っているかもしれない。しかし、これは著作権について非常に多い誤解の一つである。

著作者とは、著作物を創作する者である。特許権は、特許庁に対する出願登録などの手続きが必要だが、著作権は創作と同時に権利が発生する（〝無方式主義〟と言う）。そのため、この場合は、受託側が著作者となり、著作権を持っているのである。もちろん、委託者が著作権の譲渡を希望した場合、契約により可能である（ただし〝著作財産権〟のみ。詳細はエピソード29参照）。

しかし、システムの納品に自動的に著作権が付いてくるのではなく、著作権について、

請負契約の交渉シーン

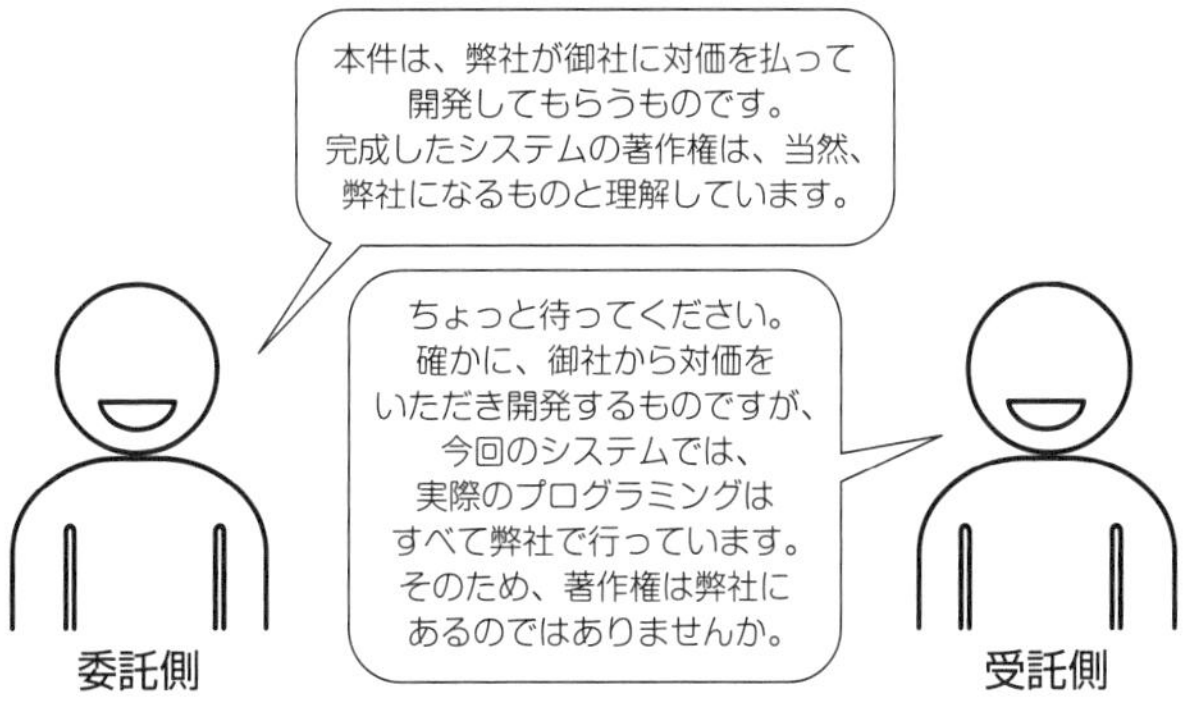
本件は、弊社が御社に対価を払って
開発してもらうものです。
完成したシステムの著作権は、当然、
弊社になるものと理解しています。
ちょっと待ってください。
確かに、御社から対価を
いただき開発するものですが、
今回のシステムでは、
実際のプログラミングは
すべて弊社で行っています。
そのため、著作権は弊社に
あるのではありませんか。
委託側
受託側

別途、譲渡するための合意を契約書に明記し、そのための対価を支払う必要がある。著作権は、別途、交渉して譲渡するか否かを決めておく必要があるのだ。委託側は、システムの著作権は、買い取ってでも、自分の権利にしておかないと不便だと考えるかもしれない。活用や改変を考えると、この選択肢もある。

だが、受託側に著作権を帰属させたままで、ライセンス（使用権）のみを受けるメリットも考えられる。たとえば、受託側に著作権を帰属させておくことにより、その企業の生産性向上や品質向上が期待できる。委託側は、受託側にシステムのアップグレードや別のシステムを委託することもあるのであれば、継続的に取引するパートナーと考える選択肢もあり得るのだ（日経ソリューションビジネス編、『システム構築トラブルを回避するためのITシステム契約締結の手順とポイント』所収、経済産業省策定：「情報システム・モデル取引・契約書〈追補版〉解説書」、日経BP社、2008年、621ページ参照）。

また、受託側が下請事業者（下請法で定めた対象取引と資本金の基準で決まる）であった場合、著作権の無償譲渡をさせる交渉は、下請法の違反として、法律問題に発展するリスクもあるので要注意である。ソフトウェアの請負契約については、著作権と下請法の知識をよく理解したうえで条件を交渉しないと、後でトラブルが発生するリスクがある。

エピソード33

パートナーとしての代理店契約！

代理店と呼ばれる業種がある。旅行代理店、広告代理店、販売代理店など、いろいろな代理店業務がある。ここでは、企業が自社の顧客に対する業務の一部を代理店に依頼する取引に関する代理店契約について、交渉のポイントをご紹介する。

ある企業がビジネスを始める時に、良い商品やサービスが準備でき、優良な顧客が確保

代理店契約の交渉シーン

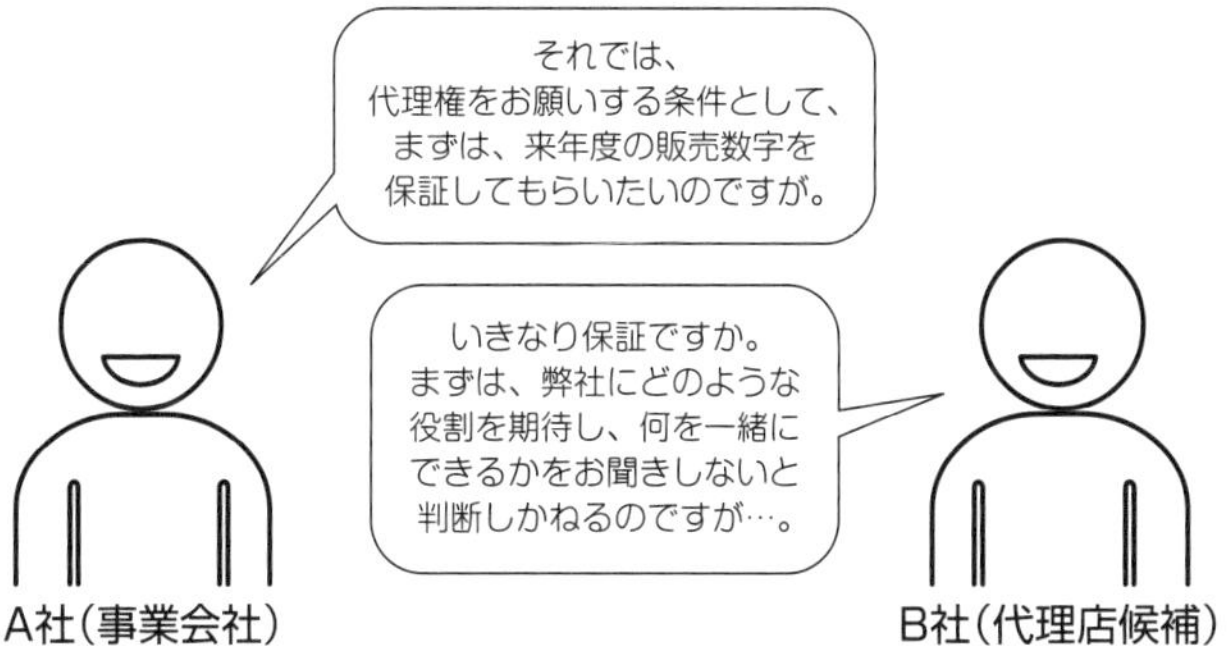
それでは、
代理権をお願いする条件として、
まずは、来年度の販売数字を
保証してもらいたいのですが。
いきなり保証ですか。
まずは、弊社にどのような
役割を期待し、何を一緒に
できるかをお聞きしないと
判断しかねるのですが…。
A社（事業会社）
B社（代理店候補）

できていたとする。この場合でも、顧客に果たすべき役割のすべてを自社のみで完結するのは、専門性や効率性を考えると難しい。このような場合、自社が行うべき役割の一部を、契約により他の企業に担ってもらう方法がある。これが〝代理店取引〟だ。

　このパートナーシップは、契約により成立するが、個別の条件闘争になりやすい。代理店と他の会社との取引を制限する独占権（〝専売権〟とも言う）の取り扱いや期間、契約の有効期間を巡る権利の奪い合い、いくらの数字を目標にするか、達成した場合のインセンティブをどうするかの数値の争いなどに終始すると、デッドロックに陥りやすくなる。

本来目指している中長期的なパートナーシップの交渉ではなく、双方にとってWin-Winとは言えない条件で無理やり合意しても、その関係を継続することは難しく、いつか破綻するリスクを抱えることになる。それでは、代理店契約では、どのような論点が交渉されるのだろうか。三つのポイントで整理してみよう。

その一 代理店にどのような業務を依頼するか?

誰が、誰に、何の業務の代理を依頼するのかを決める。いわゆるOK条件である。A社がB社に代理店として依頼する内容と、B社が受諾できる内容を具体的に決める。このOK条件が、代理権の基本的な契約範囲になる。

その二 代理店にどのような業務を禁止するか?

しかし、すべての条件を契約前に想定し、具体的に文章化するのは難しい。また、具体的な条件を決めたつもりでも、解釈にズレが生じることは珍しくない。そのため、OK条件と同時に、NG条件を決める方法が有効である。

契約に記載したOK条件以外は、基本的に代理権の対象外ではあるが、解釈や想定外のグレーゾーンをなくすのは難しい。そのため、これだけは困る、この条件は明確に対象外にするというNG条件を具体的に明示しておけば、トラブルを未然に防げる。また、OK条件かNG条件か不明確な場合については、協議することになる。この場合は、ルールの交渉が重要だ。単に、協議する、とするだけでなく、協議して解決に導くまでの方法を明文化しておくとよい。

その三 これらを、いつまでどのような条件で行うか？

最後に、期間である。OK条件とNG条件を、いつまで継続するのかの期間を決める。代理店契約の有効期限とは別に、重要な権利の期間を決める方法もある。たとえば、最初の1年間はお互いに他の取引を制限しない関係（非独占）とし、1年後に成果をレビューした後、3年間の独占契約期間を設定する、というような段階的な条件設定だ。成果のレビューを、達成した数値目標の評価と連動させる方法もある。たとえば、一定の数値や条件を達成した場合、一定期間の独占権が得られるという条件などだ。

代理店契約と言うと代理権を与える側が一方的に強く、受諾する側の交渉範囲は狭いと思われるかもしれない。しかし、双方に価値のあるWin-Win関係でないと長続きしない。これらの条件をお互いにコンテキストまで議論し、組める条件を詰めることが重要である。

エピソード34
融資契約と出資契約は、異なるパートナーシップ！

皆さんは、〝融資〟と〝出資〟の違いをどう理解しているだろうか。

いずれも、株式会社における資金調達の代表的な方法である。融資は、銀行などの金融機関が、利息の支払いと元本の返済を前提として提供する資金である。いわゆる借金だと思えばよい（当座貸越や手形を使用しないケースであれば、法的には金銭消費貸借契約を締結することになる）。借金なのだから、契約した利息を支払って、必ず元本を返済する必要がある。

一方、出資は、資金調達をしたい企業が発行する株式を、既存の株主や取引先、あるいは投資家などが引き受けることによって得られる資金である。利益の計上がかなって、配当が可能であれば、利息でなく配当金を分配することはあるが、出資で得た元本を返済す

資金調達の交渉シーン

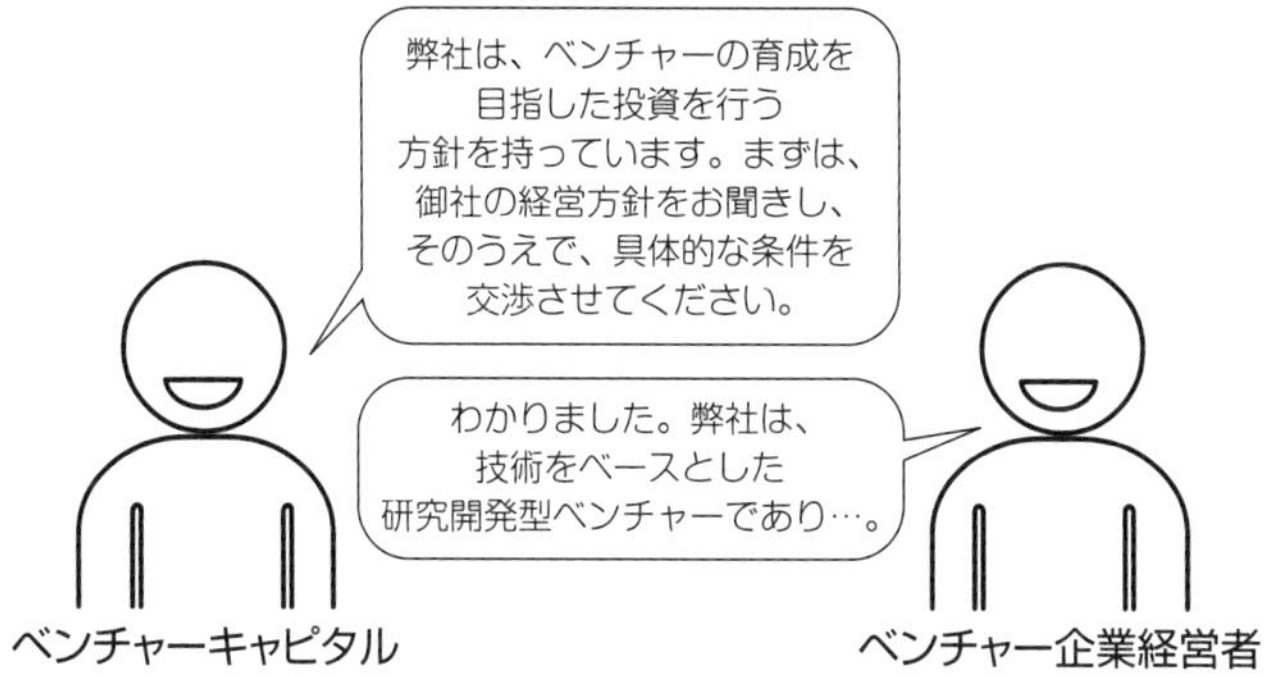
弊社は、ベンチャーの育成を目指した投資を行う方針を持っています。まずは、御社の経営方針をお聞きし、そのうえで、具体的な条件を交渉させてください。
わかりました。弊社は、技術をベースとした研究開発型ベンチャーであり…。
ベンチャーキャピタル
ベンチャー企業経営者

る義務はない。上の事例は、ベンチャー企業が、ベンチャーキャピタルから、資金提供を受ける交渉のシーンである。

融資と異なり、出資を受け入れるということは、ベンチャー企業経営者にとっては、資本参加する経営パートナーを受け入れるということである。株式会社であれば、出資比率により資本参加者の発言権が変わる（第1章エピソード4参照）。

常に成長資金が必要で、不動産など比較的担保価値の高い資産を持っていないベンチャー企業にとって、担保や元本の返済を必要としないベンチャーキャピタルからの資金調達は魅力的である。しかしながら、出資受け入れの対価として、一定範囲の経営権をベンチャーキャピタル側に提供することになるため、経営パートナーとしてミッションを共有できない相手と組んでしまうと、経営の方向性が変わったり、経営判断をしなければならない局面になるたびに意見が衝突して多大なロスを抱えてしまうリスクがある。

たとえば、研究開発型ベンチャーで、初期段階は新開発の技術を生み出すことを優先し、そのうえで事業化して量産・拡販するステップを目指していた会社について考えてみよう。ベンチャーキャピタル側は、この基本方針を理解したうえで参加した。しかし、市場の変化や事業の進捗状況を見て、多少研究開発費を抑えても、もっと早く事業化することを望み、ベンチャー企業の経営者側と意見が分かれたとしよう。

ベンチャーキャピタル側の出資比率は、議決権比率の三分の一以上、役員3名のうち、1名を出していた。経営者側とベンチャーキャピタル側の方針にズレがあれば、交渉により乗り越えるのがベストだ。しかし、交渉には、必ず決裂が付きまとう。もし、このケースで交渉が決裂した場合、経営者側の出資比率が高くても、ベンチャーキャピタル側には、会社法を用いた選択肢がある。株式会社が行う特別決議（定款変更、株式募集など）に反対することで否決したり（〝拒否権の行使〟と言う）、そのうえで、保有する株式持分を発行会社に買い取るように請求することができるのである（〝買取請求権の行使〟と言う）。

つまり、三分の一以上の議決権比率を有するベンチャーキャピタルは、当初の経営者の方針にブレが生じたり、変化した市場環境に適応できない経営をしていると感じた場合は、交渉を試み、それが決裂すれば、拒否権を行使し、制限することができる。また、役員を1名派遣しており、他の1名と同調することにより、取締役会議の場で残りの経営者の決断に異議を唱えることもできる。

ベンチャー企業経営者が出資による資金提供を受けるということは、お互いに同じ船を操るパートナーを選ぶということを意味するのだ。同じお金を取り扱う契約であるが、融資契約と出資契約は異なるパートナーシップなのである。

それでは次に、契約関係にある相手から契約以上の要求をされた場合でも、クリエイティブ・オプションを提案し、問題を解決した交渉事例を紹介する。

この事例は、ITサービス業務委託契約（本章エピソード31参照）を締結している委託側と受託側の例である。要件定義を経て、技術仕様書に合意し、契約の締結も終了していた。すでに開発に着手し、予定通りの納期で順調に進んでいた。ところが、ある日、委託側から、「契約締結後、条件を変えることになり申し訳ないが、可能であれば、納期をさらに1カ月短縮してもらえないだろうか」と要請された。さて、あなたなら、どうするだろうか。

　せっかく契約してくれた相手なのだから、今後の良好な関係も考慮し、少し無理をしても受けておこう、という選択肢がある。ただし、何の質問もせず、簡単に了解するのは危険だ。もともと余裕を持った納期設定だったという印象を相手に与え、この契約がシステムアップして更新される時、もしくは、また同様のシステムの契約を交渉する際に、マイナスの要素を残すリスクがある。

　では、契約通りで進めたいと断ればよいのだろうか。

　最終的に、断ったとしても、結論を出すまでのプロセスの方が重要である。相手がすでに合意した契約条件を理解したうえで、条件の変更を要請してきているのであれば、必ず何か隠された理由があるはずだ。それを聞かないうちに答えを出すのは早すぎる。

　この事例では、受託側の担当者が、高い視点からも交渉を考え、相手に理由を聞くとともに、ある提案を行った。理由を聞くと確かに委託側の問題だが、納期を短縮する必要性は理解した。しかし、よく聞くとこのシステムは、自社以外の3社がそれぞれのシステムの一部を委託されており、トータルで4社が関与していた。あなたなら、この話を聞いて、どうするだろうか。

「他の3社がダメなら、なんとか対応しましょう」という選択肢がある。または、「4社で案分しましょう」という選択肢もある。しかし、前者は、本音はNGであり、後者は単純な利益分配型交渉である。なぜ、NGなのか、案分することが本当に公平なのかが不明確であり、納得感がない。


さて、この事例で、受託先の担当者はどうしたのだろうか。この担当者は、委託先と自社を含め4社で集まることを提案した。そのうえで、それぞれの担当分野の関連性を共有し、協働して納期を短縮できる方法を議論したのだ。

結論ありきではなく、創造性を高めて選択肢を見つけるために、ブレスト型交渉をしたのだ。その甲斐あって、結局、4社がインターフェイス部分でそれぞれ少しずつ、かつ無理なく協力することにより、トータルで1カ月間短縮できた。これこそバードアイで全体を見て、クリエイティブ・オプションを用いた戦略的交渉の好例である。

「契約は、形式的なものだから、ビジネスとは別だ！」「契約の交渉は、弁護士や法務、知財部門のような専門家に任せておけばよい！」「契約はいかに責任を取らない条件を交渉するかが重要だ！」という契約に関する発言を聞くことがある。本当にそうだろうか。

契約は、ビジネスの約束であり、契約交渉は、ビジネス交渉そのものである。また、交渉シナリオがきちんと作れる交渉者が担当した契約書には、現在のみならず、将来の価値を確保する、または、少なくとも交渉できる条件を組み込んだ条件が書かれている。契約交渉は、ビジネスそのものの交渉なのである。

第4章

受け身のクレーム交渉から、発展的展開へ！

1 売り言葉を買わないクレーム交渉！
パワープレイヤーは怖くない

交渉を苦手とする人から、「自分の話を全く聞いてくれず、自己主張ばかり繰り返すお客さんとの交渉に困っている」または、「自分は買主なのだから、売主より強い立場であることを主張し、強引に条件を押し付けてくる手強い相手にはどうしたらよいのか？」とよく聞かれる。いわゆる〝パワープレイヤー〟との交渉である。

たとえば、売主に対する買主の立場や、部下に対する上司の立場のような交渉場面において、上下関係を基準に考えて、交渉相手の話を聞かず、自分の条件ばかりを押し付けてくるような交渉スタイルを〝パワープレイ〟という。そして、このようなスタイルを取る交渉者は、〝パワープレイヤー〟とか、〝パワーネゴシエーター〟と呼ばれている。このようなパワープレイヤーとの交渉は、一見難しそうだが、本当にそうだろうか（田村次朗他、『ビジュアル解説　交渉学入門』、日本経済新聞出版社、２０１０年、１５２～１６０ページ参照）。

ある日本企業とある欧米企業の間でこんな事例がある。二つの会社は、すでに第1フェーズの提携契約を締結し、第2フェーズの契約条件の交渉に入っていた。お互いの主張が出そろい、合意点が見えてきた段階で、突然、欧米企業側で空席だった部門責任者に新任者が就き、交渉に参加してきた。その新任の部門責任者は、典型的なパワープレイヤーだった。自分の立場が良いと理解し、強引に自分に都合の良い条件を押し付けてきた。第1フェーズで、すでに合意したある条件をひっくり返してきたのだ。この条件は、第1フェーズのみならず、第2フェーズ以降にも影響する〝ルールを決めた契約条件〟であった。にもかかわらず、過去の議論を無視して、自社に一方的に有利な条件に変えようと交渉してきたのだ。

当然、日本企業側は理由を尋ねたが、交渉相手から明確な説明はなかった。この提携は、中長期的には売買を超えたパートナーシップを目指していたが、初期の段階では、日本企業側の製品を欧米企業側が購入する条件があった。それを基準にして、「こちらが買主なのだから、黙って従わないと買ってやらない！　買主は絶えず、売主よりも強いのだ」というスポット売買のような交渉をしてきたのだ。

この交渉条件には納得感がなかった。しかし、日本企業側は〝売り言葉は買わない！〟の精神で、この契約は中長期を目指したパートナーシップの取引であり、その理由では承諾できない旨を粘り強く、感情的にならず冷静に説明した。しかし、ある時点で、限界と感じ、会議の途中で、この状況ではこれ以上会議ができない旨を宣言し、会議を打ち切って相手の事務所からホテルに帰った。その件は、会議後、相手側の役員に報告が上がった。直後に、相手側の役員から謝罪のメールとともに、担当を変えるという連絡があったのだ。その後、交渉を再開し、無事、第2フェーズの契約に合意できた。

この新任の部門責任者は、どうもいわゆるやり手として、ライバル企業からヘッドハントされており、早く実績を見せたいと焦っていたらしい。また、購買部門で強いバイヤーとして実績があったそうだが、スポット取引では強い立場を取ることが功を奏したのかもしれないが、この事例のような中長期のパートナーシップ交渉では、本人が一方的に強いと勘違いしているパワーだけでは、交渉できなかったのである。

このように、パワープレイヤーには、言葉の強さで惑わされてしまうことが多いが、実は隠された不安や焦りがあることも多い。感情的な発言には、思わず言いすぎてしまうことが多いので、冷静に相手の発言を聞いたり、質問をして、合理的な説明を求めたりすると相手の状況が透けて見えることも多い。

また、拠り所が固定しているので、パワーの源泉を失うと他に選択肢がなく、極端に弱い状態になることが多い。つまり、強く交渉してダメな場合に、他の選択肢を持って備えていないことが多いのだ。パワープレイヤーを恐れることはない。売り言葉を買わず、冷静に対応すれば、逆に対応しやすい相手なのだ。上級交渉者には、穏やかに次々と選択肢を出してくるタイプと比較し、一本調子で言葉のみが強いパワープレイヤーの方が、はるかに対応しやすいと言う人も多い。

❖相手の立場になって主張するアサーティブネス

それでは、パワープレイではなく、しかし、相手の立場も考えながら、言うべきことを主張するには、どうしたらよいのだろうか。交渉中のコミュニケーションにはいろいろなスタイルがあり、どれが正解か不正解かという答えはないが、以下のようなタイプが典型的である。

その一　攻撃的コミュニケーションタイプ

強く自己主張したり、言葉を荒らげて攻撃的なコミュニケーションを取るタイプだ。パワープレイヤーにこの方法を取るタイプが多く、一見、強そうだが、実はそうでもない。この方法は、自分中心で相手の立場は考えていない場合が多い。そのため、交渉でこの方法を取ると相手に不快感や不信感が残りやすい。

「最初に、一発ガーンと言って、それから徐々に優しい条件を」というスタイルを好む交渉者もいる。しかし、最初にこの方法で強すぎるメッセージを相手に伝えたその後、たとえ相手に最初より多少ソフトに見えるコミュニケーションを取ったとしても、相手が冷静であれば効果がない。また、最初にこのスタイルを取ると後に良い条件を出しても、第一印象の不快感や不信感は取れにくい。Win-Win 関係を目指すのであれば、リスクの高いコミュニケーション方法である。

その二　非主張的コミュニケーションタイプ

攻撃的なタイプと全く逆のタイプだ。いわゆるソフトコミュニケーションである。主張の内容がわかりにくく、交渉しても話がかみ合わないことが多い。たとえば、「この事業で何を実現したいですか?」と聞いているのに、「あなたが希望することです」と答えられても、結局、何をしたいのかが伝わらない。自分を抑え、相手の立場に合わせることに主眼を置いているのだが、主張が不明で誤解を招きやすいコミュニケーション方法である。

その三 アサーティブなコミュニケーションタイプ

〝アサーティブ〟という言葉をご存じだろうか（アン・ディクソン、『それでも話し始めよう』、クレイン、2006年参照）。心理学の用語だが、日本語でうまく置き換える言葉がない。コミュニケーションやコーチングの講師たちは、優しい自己主張とか、ソフトな自己主張と訳しているようだ。交渉の視点から見ると「相手の立場を考えるが、言うべきことは言う方法」と理解してもらうとよい。

相手の立場を考えるためには、何が必要だろうか。一つは、自分が相手であれば、その内容と表現方法で、納得するか否かを考えることだ。交渉の事前準備では、最高と最低の目標を決めておき、ミッションを達成するために、最高の目標の実現を目指すと説明した。

仮に、最高の目標を相手が受け入れた時、相手のメリットとデメリットを考え、相手のメリットを実現し、かつ自らの最高の目標を実現できればベストシナリオとなる。

交渉では必ず相手がいることを絶えず意識しておいてほしい。そして、交渉条件を選ぶ時、どのようにその条件を表現するかを考える時は、自分がもし、相手の立場だったら、と考えることが成功へのカギだ。なぜなら、交渉では、相手が納得して、合意しなければ、条件は成立しないからだ。

また、攻撃的な方法で無理やり合意させても、グリップが弱いので、維持しにくい。つまり、いつか崩れる合意、長く続かない合意なのである。アサーティブなコミュニケーションで説明された内容は、感情的な対立を乗り越えやすく、深く合意が成立する可能性がある。Win-Win 関係を目指す交渉では、この方法を優先的に心がけてほしい。

❖相手のコンテキストを共有するクレーム交渉

しかし、どのようにコミュニケーションしても、どうしてもお互いの条件に差がありすぎて、合意できそうもない、ということがある。もちろん、ミッションが実現できれば交渉は成功なので、現在交渉している相手がパートナーとなれる相手でないと判断すれば、バトナで設定した、別の相手や別の方法を選択すればよい。

だが、交渉の中では、個々の条件が相容れないのはよくあることであり、浅い交渉ですぐバトナを選択したところで、また同じことが繰り返されるリスクが残る。それでは、どうすればよいのだろうか。お勧めの方法は、コンテキスト（コンテキストとは、物理的に認識できないもの、背景、前後関係、文脈など。杉野幹人、内藤純、『コンテキスト思考　論理を超える問題解決の技術』、東洋経済新報社、２００９年、14ページ参照）まで共有することだ。

クレーム交渉では、言われなきクレームを受けたり、クレーマーと呼ばれる困った相手に遭遇することもある。相手に甘く見られないように、最初にガーンと言っておいて、と考えて相手の強いメッセージに強く受け答えする、いわゆる〝売り言葉に買い言葉〟になってしまうことがあるが、これは危険な交渉方法である。しかしながら、相手が理不尽な主張をしてきているのに、黙って受け入れる必要があるわけではない。

たとえば、あなたが営業担当だったとしよう。担当している顧客が、なぜかかなり怒っているが、あなたにはそれほど厳しいクレームを受けるほどの心当たりがない、という場合だ。最初は、まず、事情を聴くだろう。その時に、相手がなぜ、クレームしてきているのか、感情的になっているのはなぜか、を考え、コンテキストを引き出すつもりで聴くことが重要だ。そのために、たとえ、相手が大声を上げても、厳しいメッセージをぶつけてきても、こちらは冷静に、かつ、真摯に聴くことからスタートするのだ。ただし、ただ聴いているだけではなく、コンテキストを引き出すために聴くのだから、適宜、質問をしたり、こちらのコンテキストも話して、反応を見たり、理解を促すなど、双方向のコミュニケーションが必要になる。

相手のコンテキストが見えるとこちらの選択肢が広がり、クレームを解決できる可能性が高くなる。実際にこんな事例がある。あるアジアの企業経営者から日本企業にクレームレターが来た。確かにトラブルがあり、クレームされるのはわかるのだが、そのレターの言葉がトラブルの内容から考えるとあまりにも強すぎた。また、お互いに良好な関係ができており、いつものコミュニケーションと違うことにも疑問を感じた。書類より話をする方がよいと考えた日本側の担当者は、電話して相手の真意を尋ねた。クレーム自体は理解できたが、強いメッセージの背景は意外な理由だった。この経営者は、英語を外国語として話すが、それほど得意でないこと、そのため、もう少しトーンを緩めて表現する方法が見つからず、この表現を選択した、というのだ。

これは、外国語同士の交渉ではよくあることだ。外国語は母国語でないので、ビジネスに必要なコミュニケーションができたとしても、微妙なニュアンスを入れるのは難しい。そのため、表現が実態と合っていなかったり、強すぎたり、弱すぎたりするのだ。お互いが外国語で交渉している場合には、微妙なニュアンスにズレが出やすい、特にクレームや強い主張をする際の言葉の選択には、自分も気を付けるとともに、相手のニュアンスも誤解しないように受け取ることが重要だ。それでは、実際のクレームやトラブルのような厳しい交渉の場面において、それを乗り越えた事例を具体的に見てみよう。

エピソード35

パワーを失ったパワープレイヤー!

日本の大手企業（A社）とアジアのベンチャー企業（B社）が1対1で秘密保持契約の締結を交渉しているシーンである。

B社が、自社が開示する秘密情報をA社が守る条件を記載した秘密保持契約のドラフトを提示するところから、交渉が始まった。クレームやトラブルがあるわけではなく、初めての取引なのに、B社は、最初から強気でかなり強引だった。自分の技術に自信があり、A社からアプローチしてきたことで、交渉の主導権を握るためには強い立場を取ることが必要だと思っていたようだ。

いきなり出してきた契約のドラフトは、B社が開示した情報をA社が守るのだが、B社には何の義務もなく、またA社が、もし契約に違反したら大きなペナルティーを支払うなど、かなり無理があり、バランスを欠いたものだった。

A社は、ドラフトは受け取ったが、いきなりその条件から交渉するのではなく、冷静に

秘密保持契約の交渉シーン

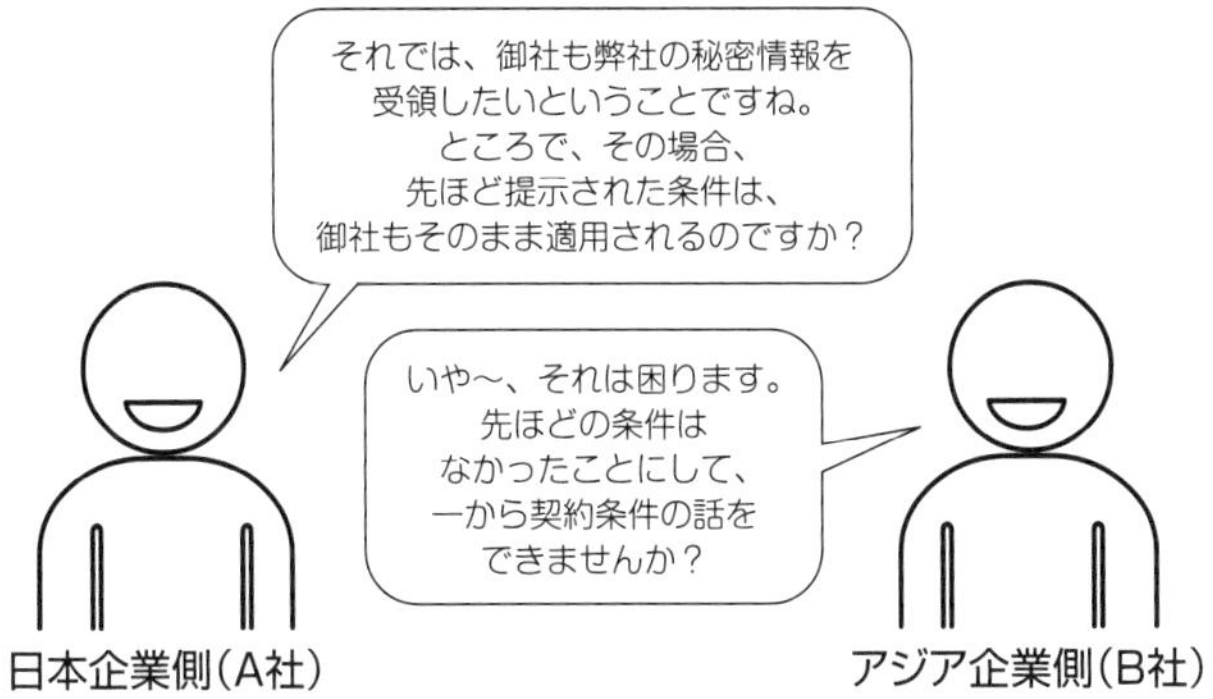

それでは、御社も弊社の秘密情報を受領したいということですね。ところで、その場合、先ほど提示された条件は、御社もそのまま適用されるのですか？
いや〜、それは困ります。先ほどの条件はなかったことにして、一から契約条件の話をできませんか？
日本企業側（A社）
アジア企業側（B社）

自分の会社のプロフィールを説明し、プレスリリースしている情報を交えながら、秘密保持義務のないレベルで、技術開発の傾向などを話し、今回、何を目指してアプローチしたか、自社がどのようなポテンシャルを持っているのかを説明した。

　そうするとB社から思わぬ発言があった。まだ、お互いにオープンベースで話をしているレベルだが、B社が独自に開発したが、頓挫し、困っている技術があったのだ。それについては、A社がかなり進んだ開発をしていること、そして、B社は、秘密保持契約を締結してでも、ぜひ、その内容を知りたいと思っている情報があることに気が付いたのだ。その後、交渉の状況は一変する。

要するに、B社は、自分ができない、もしくは適用したくない条件を、主導権を握り有利な交渉ができると思って、最初にA社に強気で提示してきたのである。後でよく聞くと過去に欧米の大手企業に、このようなスタイルで交渉を受け、無理やり合意させられた苦い経験があり、それがトラウマとなっていたようだ。自社より規模の大きい会社との交渉では、最初から強気に出ないと押し込まれてしまう、という不安感があったのだ。しかも、今回は、A社からのアプローチなので、この方法で交渉すれば、有利に進むと信じていたようだ。

しかし、そうではなかった。このようなパワープレイ型の交渉では、パワーの源と考えていたポジション（この場合は、自社には義務がなく、相手のみに義務がある）が失われたとたんに、他の選択肢がなく、今までの話とツジツマが合わなくなるので、逆に苦しくなりやすい。

クレーム交渉でも同様の傾向がある。パワープレイのような攻撃的なコミュニケーションスタイルを取る相手は、よって立つところが崩れると極端に弱くなる。相手があまりに無理難題を押し付けてくるようであれば、「立場が逆になった場合でも、同じ条件で契約していただけるのですね」と聞いてみるとよい。こちらが冷静に対処し、質問を出して相手から情報を引き出しながら、こちらも話をすれば、コンテキストが見えてくる。それがつかめれば、問題を解決できる可能性が高まるのだ。

エピソード36

アサーティブな交渉とは？

相手がパワープレイヤーや感情的になっている交渉者だった場合、どうすれば冷静に交渉し、相手からコンテキストを引き出せるのだろうか。また、ビジネス交渉では、不確定要素や不安な条件を背負って交渉することも多い。そのような条件を相手に説明する時に、どう伝えれば相手にわかりやすく伝わるのだろうか。

この事例は、売主と買主が、希少価値があり魅力的だが、ニセモノも多いブランド品を売り買いする1対1交渉でのシーンである。売主は、実は、ニセモノか本物か、自分にも不安がある状態であることを、どのように伝えようかと迷っていた。同様のケースで、正直に事情を説明しただけでは、うまく理解してもらえないケースがあることを説明した（第2章エピソード12参照）。それでは、どうすれば、相手の立場を考えて、言うべきことを

1対1の売買交渉ケース

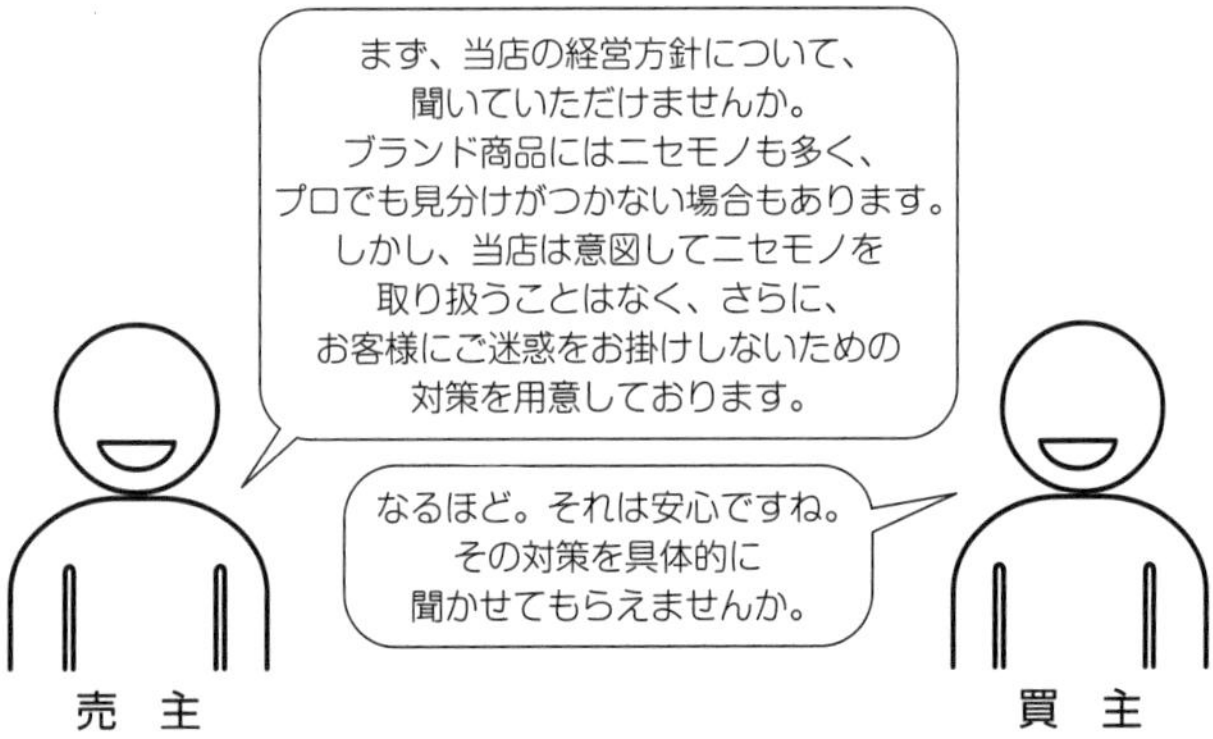
まず、当店の経営方針について、
聞いていただけませんか。
ブランド商品にはニセモノも多く、
プロでも見分けがつかない場合もあります。
しかし、当店は意図してニセモノを
取り扱うことはなく、さらに、
お客様にご迷惑をお掛けしないための
対策を用意しております。
なるほど。それは安心ですね。
その対策を具体的に
聞かせてもらえませんか。
売主
買主

言うアサーティブな伝え方ができるのだろうか。

売主が伝えたいことは、今回買主が買いたい商品は、この時点ではニセモノか本物か自分も不安である、という情報である。しかし、そのまま伝えて、正直さを信頼してくれる可能性もあるが、逆にニセモノ販売をする店と誤解されたり、専門性が低いと思われるリスクがある。

買主の信頼を得ないと今回のビジネスが成り立たないだけではなく、買主を通じて、店の評判が伝わり、店のブランドイメージが傷つくかもしれない。この場合、売主は、どのように説明する方法があるだろうか。

一つのモデル例を説明しよう。上の例では、最初に、経営方針を話している。つまり、今回の商品という特定の条件ではなく、一般的な条件を先に説明しているのである。本件の話から入らないと何か逃げているように思われるかもしれないが、例外的な条件を話す時に、例外から話をしてしまうのは危険である。

特別条件は、基本条件が理解されているという前提で、特別性が意味を持つ。たとえば、スーパーマーケットに特売品を買いに行ったとしよう。特売品は、通常価格より良い条件（特価、まとめるとポイントが付くなどの特典）に意味がある。もし、いつ来ても特売品として、同じ条件で販売されており、期間に制限がないとしたら、単に、条件の改訂が行われただけになる。学習において、基本と例外を理解する時には、基本を先に理解してから、例外を学習する。その方が、わかりやすいからだ。特別な条件を交渉する場合も、同じことが言える。

この例では、順番が重要だ。基本方針は○○である。しかし、△△の事情で、今回は特別に□□である。しかし、基本方針に照らして、××の条件を適用したい。この順番で話すと理解されやすい。

アサーティブな表現か否かで重要なのは、相手の立場を考えることだ。それほど難しいことではない。交渉には必ず相手があり、相手が合意しないと成立しないのだから、相手の立場になってシミュレーションすればよいのだ。もし、自分がこのように説明されたら、納得するかどうか、という視点で自分の交渉条件と表現方法を考えてみてほしい。それができれば、アサーティブな交渉は、それほど難しくない。

エピソード37
コンテキストまで共有した交渉とは？

ビジネス交渉で、アサーティブに主張し合い、コンテキストまで共有する交渉とは、どのようなものなのだろうか。どうすれば、コンテキストを引き出すことができるのだろうか。

複数のアジェンダを交渉するケースにおいて、コンテキストを共有しながら、交渉した例を紹介しよう。左の事例は、二つのメーカーが、製造合弁会社を設立する交渉をしているシーンだ。Ａ社は技術を持つが、資本力が小さいベンチャー企業。自社のみではこの技術を事業化するのは難しく、パートナーを探していた。Ｂ社は資本力が大きいが、Ａ社の

1対1の交渉シーン

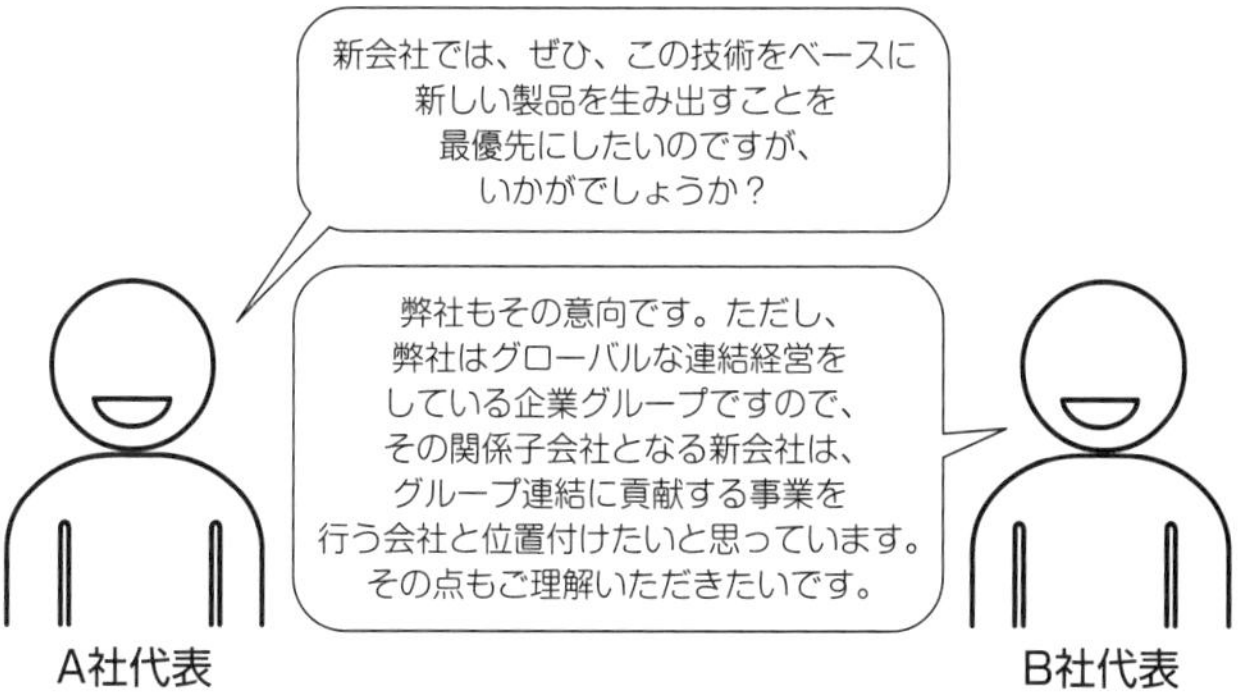
新会社では、ぜひ、この技術をベースに
新しい製品を生み出すことを
最優先にしたいのですが、
いかがでしょうか？
弊社もその意向です。ただし、
弊社はグローバルな連結経営を
している企業グループですので、
その関係子会社となる新会社は、
グループ連結に貢献する事業を
行う会社と位置付けたいと思っています。
その点もご理解いただきたいです。
A社代表
B社代表

技術に魅力を感じており、その技術を活用して、新しい事業を成功させたいと考えていた。アプローチは、B社からであった。

皆さんがA社の立場で、B社のこのコメントを聞いた場合、どう感じるだろうか。

A社とB社は、事業規模も潜在能力も差がある。A社には魅力的な技術があり、B社もそれが魅力で合弁会社の設立を打診してきた。しかし、B社の潜在能力を考えれば、自社開発、またはA社以外との提携も当然あり得る。そうであれば、なぜ、B社がアプローチしてきたか、その理由が気になるはずだ。

この情報を引き出す方法は、いくつかある。もちろん、ストレートに質問するのも一つだが、嘘は言わないまでも、最初から隠された事実を話す交渉相手は少ない。ここで重要なのは、B社が背負っている隠された事実や背景を仮説思考で、シミュレーションすることだ。

まず、一般的にどのようなケースがあるかを考えてみよう。B社がグローバルな連結経営をする企業グループだとすれば、A社の技術が魅力的であっても、人、物、金を重点的に投資すれば、自社開発できる可能性がある。また、連結経営をしているのであれば、一つの子会社の個別最適より、グループ全体の全体価値の方に重きが置かれやすいことも想像できる。

それでは、なぜ、B社からアプローチしてきたのだろうか。いくつか可能性が考えられる。

たとえば、一つは時間だ。自社開発できるとしても、時間が掛かる場合が想定される。また、A社に有力な特許権があり、回避しても設計できるが、組んだ方が時間を短く、費用も安くできる、という可能性がある。

他にも、A社と目指している合弁会社の技術は、次の事業を育成するために重要視しているが、グループ内には、現在の事業の延長線上で、優先順位の高い事業があり、それに重点的に取り組むために、将来事業は、外部のパートナーと組む方法を模索している、という可能性もある。

交渉相手とのやりとり以外にも、相手の会社の経営状態や方針、プレスリリースなどの公開情報からでも、全体の動きや傾向を想定することができる。そのうえで、直接的ではなくても、間接的に関連する質問をしたり、雑談したりしながら、相手の情報を引き出せば、想定している可能性のいずれが該当するかを見つけ出すことは可能だ。ここでも、事前準備とシミュレーションが大事なのだ。


これらの過程を経て、両社がコンテキストまで共有したうえで、合弁会社の設立というパートナーシップを選択した場合、グリップが強い、パートナーシップが期待できる。また、合弁会社設立を目指して交渉を開始したが、まずは、共同開発から始めて、ステップアップした方がよい、という結論になるかもしれない。

コンテキストまで共有して交渉しているのであれば、お互いに価値のある他の選択肢で合意しても、組める可能性は広がる。質問は、方法を工夫しないと本音が引き出せないが、自分の話もしながら、相手の情報を引き出し、事前のシミュレーションに当てはめていくとコンテキストが見えてくる可能性が高い。そして、コンテキストまで共有した交渉から生まれるパートナーシップは、より継続性が高いものになるのである。

エピソード38
責任問題を最初にすると……？

トラブル発生！　さあ、どうするかを社内で議論する、という事態に遭遇した。あなたなら、どうするだろうか。

トラブル発生時、どうしても気になるのが、その責任の所在である。当然、社内でも「誰の担当だ！　誰の責任だ！」という声が飛び交うことになる。トラブル対応において、責任問題は逃げられないテーマだ。しかし、最初に議論すべきアジェンダかどうかは、慎重に考えるべきだ。

この事例では、ある企業のAさんが担当している商品に品質問題が起こり、リコール（市場回収）をするかどうかを早急に決めないとならない、という緊急事態が発生した。その時の社内の関係者同士が対策会議を行っている時の交渉シーンである。

社内のトラブル交渉シーン

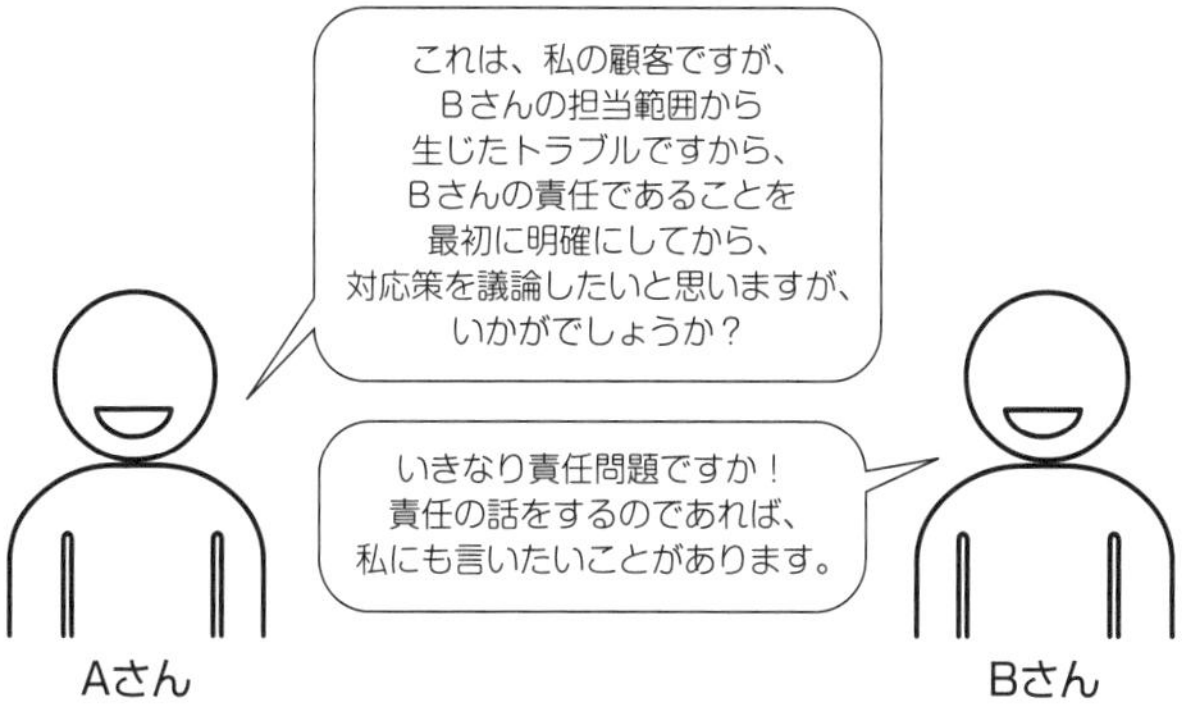
これは、私の顧客ですが、
Bさんの担当範囲から
生じたトラブルですから、
Bさんの責任であることを
最初に明確にしてから、
対応策を議論したいと思いますが、
いかがでしょうか？
いきなり責任問題ですか！
責任の話をするのであれば、
私にも言いたいことがあります。
Aさん
Bさん

トラブルが発生するとどうしても責任問題から対応したくなる。しかし、この時点で最も重要なことは、まず、正確な事実を把握することだ。正確な事実を把握するためには、関係者から手持ちの情報を引き出し、不足している情報を調べるという協力が欠かせない。その時に、責任の問題について持ち出されるとどうだろうか。あなたが、Bさんの立場なら、責任を回避するための主張をしたり、責任を問われるのならば、○○の情報はしばらく黙っておこう、という気持ちになるだろう。これは、危険であり、トラブルを拡大させるリスクまであるのだ。

責任問題から話をすると必要な事実関係の情報が集まらず、次のステップで実施する対応策の選択肢が狭まりやすい。また、誤った対策を行ってしまうリスクが生じることもある。責任問題は先送りして交渉しろ、と言っているのではない。責任問題は、最初に議論すべきアジェンダではなく、必要な措置が終わった後の、最後のアジェンダにする方が、トラブルを迅速に解決する成功確率が高い、ということである。

2 損害を最小化するダメージコントロール！
クレーム交渉もアジェンダから

それでは、クレームやトラブル発生時、社内の関係者と交渉する場合、何から協議すればよいのだろうか。

次の例は、製品の品質問題が発生した場合のメーカーの優先順位の例である。この例に基づき、対応すべきアクションと交渉との関係を説明しよう。

優先1 正確な事実の把握

まずは、事実の把握である。しかし、これには関係者の全面的な協力が必要であり、最初に正確な事実を把握するために、責任問題を議論しないと宣言して、優先順位を決めた方が、より情報が引き出しやすい。

優先2　事故の原因の把握

次に、集めた事実から、原因を把握する。この時にも、たとえば、他社に委託して開発した技術が原因もしくは原因の一部、ということがわかる、または推定されても、まだ責任の問題を協議するのは早い。なぜなら、社内の関係部門と同じく、委託先の会社も責任追及を前提とした問い合わせには、積極的に応じない可能性があるからだ。

優先3　対策の実行

次に、対策の実行に移る。根本原因を見つけ、拡大と再発を防止できればベストだが、容易でないことも多い。対策は、緊急、暫定、恒久の3段階に分けて行う方法がある。

緊急対策では、事故のレベルによるが、生命、身体、財産に損害を与えるような製造物責任（PL責任）であれば、市場から製品を回収（リコール）する方法がある。機能の不良であれば、クレームを受けて修理する体制を取る方法がある。

暫定対策としては、問題を解決した製品を発売するまで、販売を中止する、無償修理を続ける、フリーダイヤルで問い合わせ対応する、などの方法がある。

そして、恒久対策としては、たとえば、根本原因が設計だった場合、設計を変えるなど、時間と費用は掛かるが、再発しないように行うものだ。

これらは、すべて同時にできるわけではない。また、優先順位がある。この時も、関係者や委託先などの協力が必要になる。もし、賠償責任とのバーターをちらつかせるなど、責任問題と絡めた交渉をした場合、積極的な協力が得られない可能性がある。

優先4 責任に応じた妥当な負担

最後に、損害賠償である。優先1から3を関係者の協力を得て、速やかに行ったとしても、事故が発生している以上、損害はある。そして、起こった損害を誰かが負担しなくてはならない。

損害賠償を力関係で交渉して、負担させたとしよう。納得感のない賠償請求は、仮にその時は受け入れたとしても、いつか取り返そうとするだろう。また、その件をきっかけに、取引関係を見直すかもしれない。そう考えると賠償請求の方法は、よく考える必要がある。

ここで重要なのが、ルールの交渉である。責任に応じた妥当な負担を行い、不幸な事故を次のトラブルや良好な提携関係の破綻につなげないためにも、ルールを交渉することが重要だ。

❖責任問題は、最後の最後

優先順位3まで終了した後、ルールを交渉し、それに応じて、賠償額を決定する方法もある。しかし、できればルールは、事故発生前に交渉し、決めておくのが望ましい。

社外の取引の場合、有効なツールは契約書である。委託先のような契約先とは、損害賠償の負担ルールを決めておくのだ。ある欧州の弁護士が、損害賠償の条件交渉をしている時、こんな発言から交渉を開始した。

「今から前向きの提携契約を交渉するという時に、損害が発生した時の賠償条件を交渉するのは、後ろ向きの交渉に思えるかもしれない。しかし、将来、損害賠償が発生した時は、いずれか一方、もしくは両方が不幸な状況にある時だ。その時に、損害賠償の交渉をするのは難しい。今だからこそ冷静に、双方に価値のある条件が交渉できるのだ。もちろん、状況により条件が変わることはあり得る。そのため、今日は損害賠償のルールを決めたいと思う」

リスクマネジメントの発想、ルールを交渉する意味、自分の立場のみではなく、相手の立場も考えた交渉の思想が感じられるコメントだ。このメッセージを聞いてから、損害賠償の交渉は至って円滑に議論され、お互いが納得できる条件で合意できた。

❖損害を最小化するダメージコントロール

それでは、この優先順位で交渉した場合、何ができるのだろうか。

一つは、ダメージコントロールである。ダメージコントロールは、トラブルや潜在リスクが顕在化し、損害が発生した場合、その損害自体をできるだけ最小化するための取り組みである。

優先1で正確な事実が把握でき、優先2で事故原因がわかり、それに応じて優先3で緊急対策と暫定対策が有効に打てれば、損害を最小化できる可能性が高まる。そして、有効なダメージコントロールは、優先4の妥当な負担にも影響する。

たとえば、顧客からクレームが発生し、その原因が自社にあったとしよう。有効な緊急対策が打てないと最大1億円の損害が発生するリスクがあったとする。関係者の協力で、なんとか損害を最小化し、3000万円の損害で抑えられた。3000万円で済んだ場合と1億円の損害が発生してしまった場合では、負担交渉は全く違うはずだ。絶対額が小さくなった方が、お互いに冷静に条件を交渉しやすい。また、損害を最小化するプロセスで協力でき、そのために損害を縮小できたという事実を共有できていれば、さらに、円満に交渉しやすい。

トラブル発生時こそ、冷静な交渉が必要だが、その時に重要なのは、何から交渉するか、というアジェンダを考えて交渉することだ。順番を誤ると事態が悪化し、不幸な結果になってしまうのだ。

3 リスクをチャンスに変えるリスクマネジメント！

失敗事例から本質問題を議論

ダメージコントロールを行い、妥当な負担で責任問題を解決できれば、問題はすべて解決できたと言えるだろうか。

そうではない。失敗事例から学ぶことは多く、本質的に何が問題であったかを、解決後の冷静な状態で議論するのが有効である。

ここで重要なのが、リスクマネジメントの発想である。何らかの事態（損害）が起こることに関する不確実性をリスクと言う。そのリスクに対して、最小かつ経常化されたコストで、適切な処理を行い、安定した経営を行うための管理手法が、リスクマネジメントと言われる（インターリスク総研、『実践リスクマネジメント　事例に学ぶ企業リスクのすべて』、経済法令研究会、２００２年、２～３ページ参照）。

しかし、すべてのリスクを回避することはできない。また、ビジネスチャンスはリスク

図4　リスクマネジメントのイメージ図

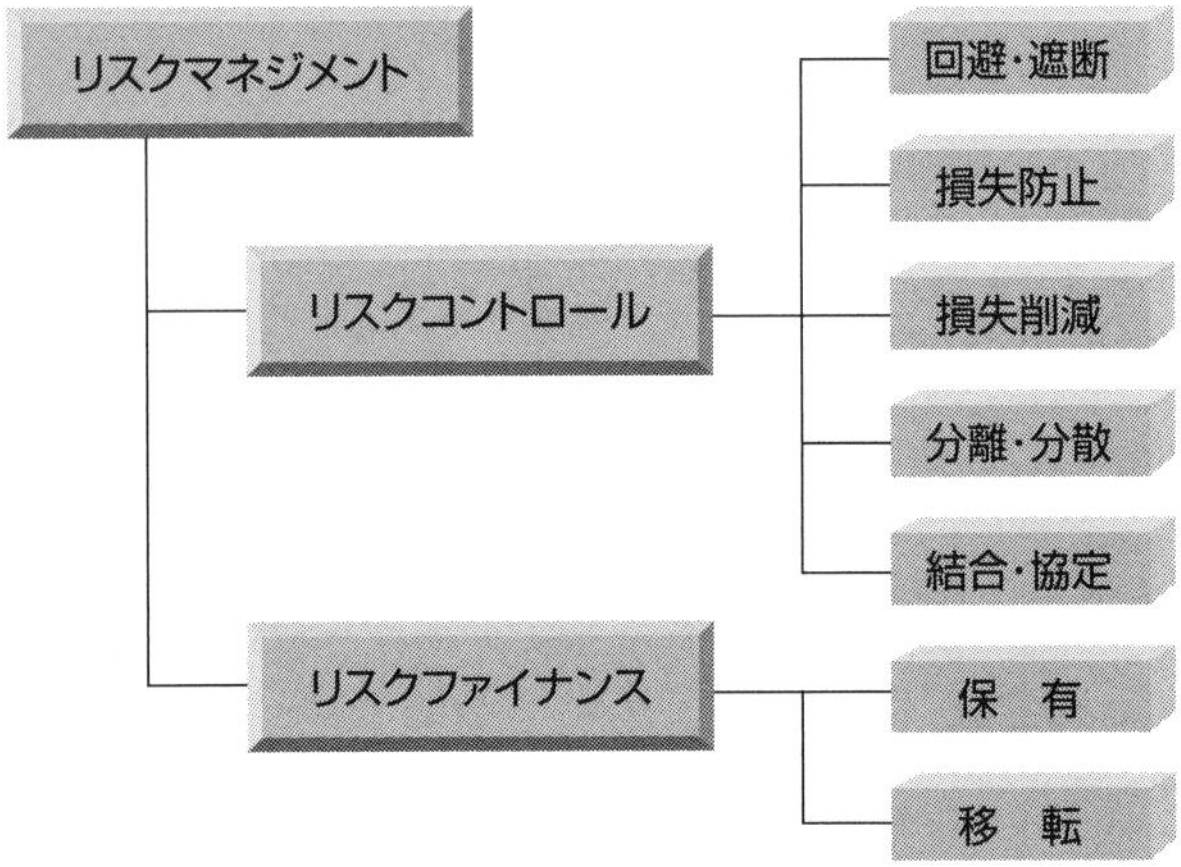
リスクマネジメント
リスクコントロール
リスクファイナンス
回避・遮断
損失防止
損失削減
分離・分散
結合・協定
保　有
移　転

が付き物である。そのため、リスクコントロールとリスクファイナンスがあることは紹介した（第1章エピソード6参照）。

リスクマネジメントのイメージは、図4のとおり。

それでは、失敗事例の交渉シーンから学び、次につなげるリスクマネジメントの発想による取り組みについて、実際に行われているいくつかの事例を紹介しよう。

エピソード39

過去事例のレビューから学ぶ！

模擬交渉を実施後、学習した内容を定着させ、今後の実務に活かす方法がある。

過去、自分が行った交渉を学習した交渉のフレームワークに当てはめて、レビューしてみるのだ。今考えるとミッションは何だったのか、最高の目標のみでゾーパになっていなかったことはないか、バトナを設定して交渉できていたか、相手の立場を考えていたか、相手のミッション、ゾーパ、バトナは何だったのか。これらを自分のみならず、当時の関係者と一緒にレビューすることで視野も広くなり学びが深まる。

このレビューは、模擬交渉を体験した者同士が行う方が効果的だ。なぜなら、交渉学のキーワードが共通言語となっており、模擬交渉の体験を思い出しながら、シミュレーションできるからだ。

この方法は、今後より良い交渉をするためのトレーニングであり、またリスクに対する予防にもなる。模擬交渉後の感想戦と同じく、どうすればよかったかを議論していくのだ。

過去事例のレビューシーン

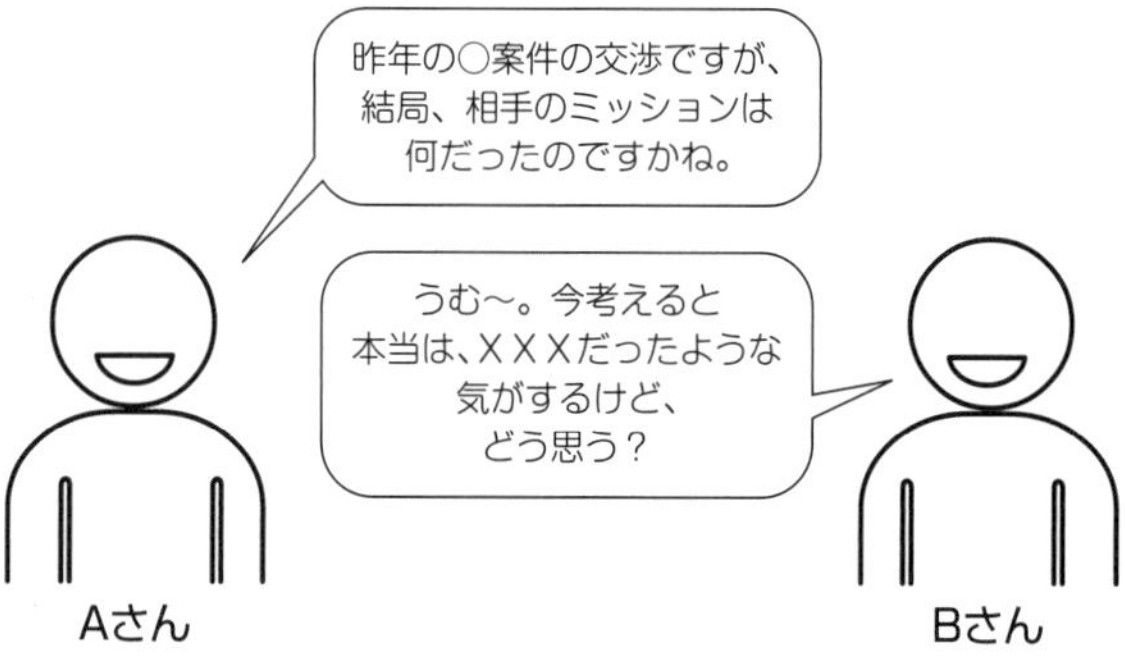
昨年の○案件の交渉ですが、結局、相手のミッションは何だったのですかね。
うむ〜。今考えると本当は、XXXだったような気がするけど、どう思う？
Aさん
Bさん

さらに、当時の担当者に加えて、別のメンバーを加えて議論を膨らませるとなお効果的だ。模擬交渉の作戦会議のように、他のメンバーの視点から、発想を膨らませるのだ。

現実の課題をグループで議論する学習方法をアクション・ラーニングと言う。まさに、この方法はアクション・ラーニングであり、また、学習したことを実際の業務に活かす取り組みだ。ただし、グループの議論には、前提ルールの理解が重要だ。ブレストのルールと同じく、発言者のコメントは否定せず、膨らませる、議論を書き出しながら整理する、結果のみではなく、プロセスを重視する、などだ。特に重要なことは、当時の担当者を攻撃する発言はしないことをルールにすることだ。

このレビューは、当時の問題を分析し、責任を追及するための取り組みではない。過去の案件をレビューし、次の価値につなげる取り組みである。グループに案件と情報を提供してくれたメンバーに、感謝こそすれ、責めるのは間違いだ。ところが、前提ルールを共有しておかないといつの間にか、「○○しなかったのは、Aさんの判断が甘い！」などとまるで責任追及会議のようになってしまう。そうなるとAさんも当時の事情を詳しく話さなくなり、レビューの質が落ちてしまう。

また、このレビューの質を高めるために、次の二つのステップが必要だ。一つは、本質を議論することだ。対象となる問題の原因について、本質的な原因は何か、という視点から議論し、解を探すことだ。もう一つは、モデル化だ。本質議論のうえで、トラブルであれば、再現リスクがあるのか、後輩や組織に残すべきものはあるのかを考えて、必要な要素を整理するのだ。

失敗事例から学ぶことは多いが、成功事例から学ぶことは少ないと言われる。成功事例の場合は、この相手と、この条件だったから、という偶然性があることが多いためだ。しかし、いずれの事例でも、再現リスクか教訓があれば、ナレッジとして残すべき価値はある。そして、モデル化して整理した内容に基づき、レビュー結果を模擬交渉のケースにす

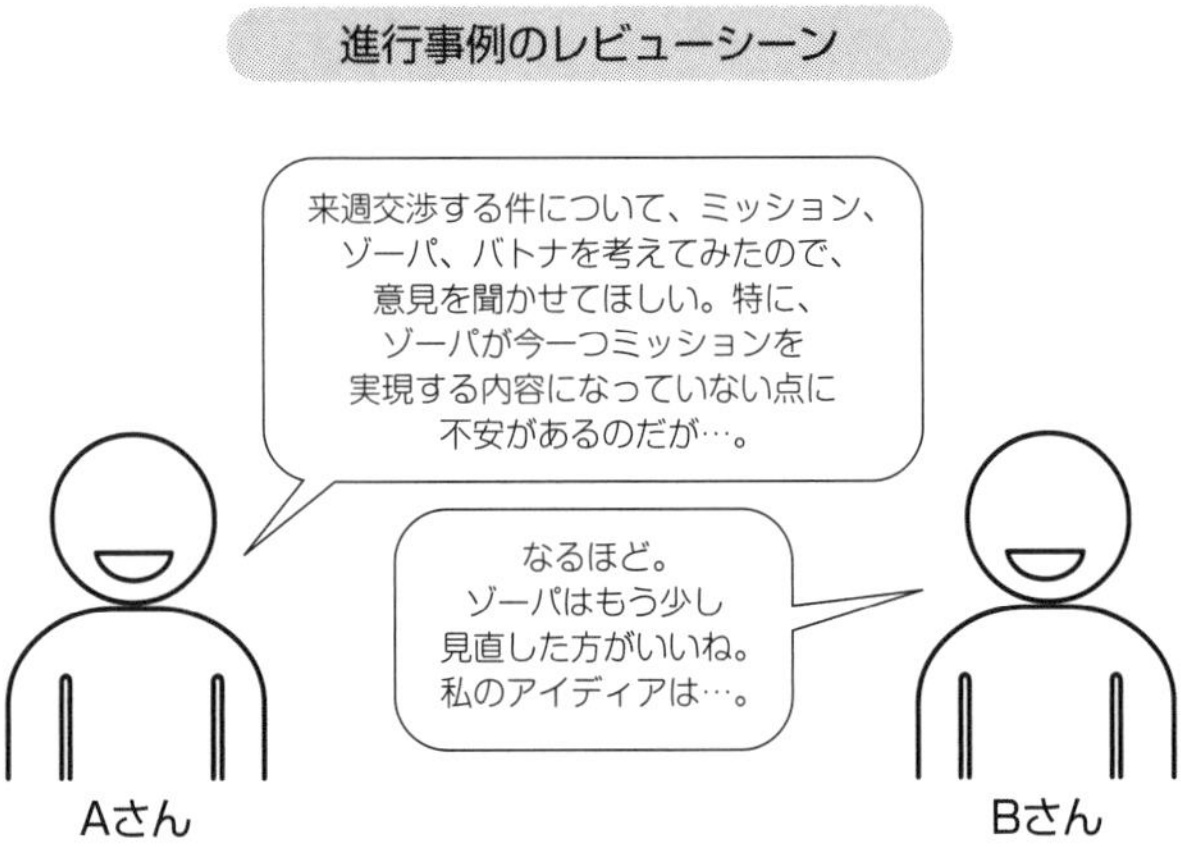
進行事例のレビューシーン
来週交渉する件について、ミッション、ゾーパ、バトナを考えてみたので、意見を聞かせてほしい。特に、ゾーパが今一つミッションを実現する内容になっていない点に不安があるのだが…。
なるほど。ゾーパはもう少し見直した方がいいね。私のアイディアは…。
Aさん
Bさん

るのだ。

エピソード40
進行事例のレビューから学ぶ！

過去事例と同様の方法は、現在、進行中の事例にも応用できる。進行事例の場合には、案件の担当者が設定したミッション、ゾーパ、バトナを含む交渉シナリオを、模擬交渉を経験した交渉学の学習者同士でレビューする。

上の図は、模擬交渉の作戦会議のようなシーンである。自分の意見を聞いてもらいながら、メンバーの意見を聞いて発想を膨らませる。思わぬ選択肢に気づいたり、自分が不安に思っていた条件に対するアイディアや異なる視点に刺激を受ける。

このレビューを経て、リアルな交渉に取り組む。学習した内容を具体的な交渉に活かすために有効な方法だ。実際の交渉が完結すれば、また、過去事例のレビューのプロセスに戻る。そうすれば、リアルな交渉結果のレビューができるとともに、何をすればよかったのか、他の選択肢はなかったのかが議論でき、さらに理解が深まる。まるで模擬交渉後の感想戦のようだ。そして、再発リスクや教訓があれば、模擬交渉のケースとして、ナレッジを伝承できる。

❖リスクをチャンスに変える仕組み作り

このように、交渉学の研究を、模擬交渉で学習し、過去レビューで振り返り、進行レビューで活用する。この学習、レビュー、活用を繰り返すことにより、学習した内容が定着するのみでなく、問題が再発するリスクを予防する仕組みを作るリスクマネジメント、教訓を伝承するナレッジマネジメントにつなげることができる。それでは、このレビューで得たナレッジを、リスクマネジメントの仕組み作りにどのようにつなげるかについて、具体例を挙げて説明しよう。

エピソード41
ダメージコントロールからのリスクコントロールとは？

BCP（Business Continuity Plan、事業継続計画）という言葉を聞いたことがあることだろう。最近、企業において重要視されている項目だ。

災害やトラブルが発生した時にも、最低限のビジネスを維持できるための体制を作っておくことである。まさに、リスクマネジメントの発想と言える。発生した損害をできるだけ最小化する取り組みであるダメージコントロールは、物理的な攻撃や衝撃を受けた時のダメージを最小限にとどめる措置として始まった対応だ。

それでは、発生した損害を最小化する取り組みの後、リスクコントロールに至るには、どうしたらよいだろうか。リスクコントロールには、明確な基本方針とそれに対応する体制やシステム、そして、これらの実績の管理が必要になる。

ここで重要なポイントは、〝予防〟の視点を加えることにある。すべてのリスクに備え

トラブル解決後の報告シーン

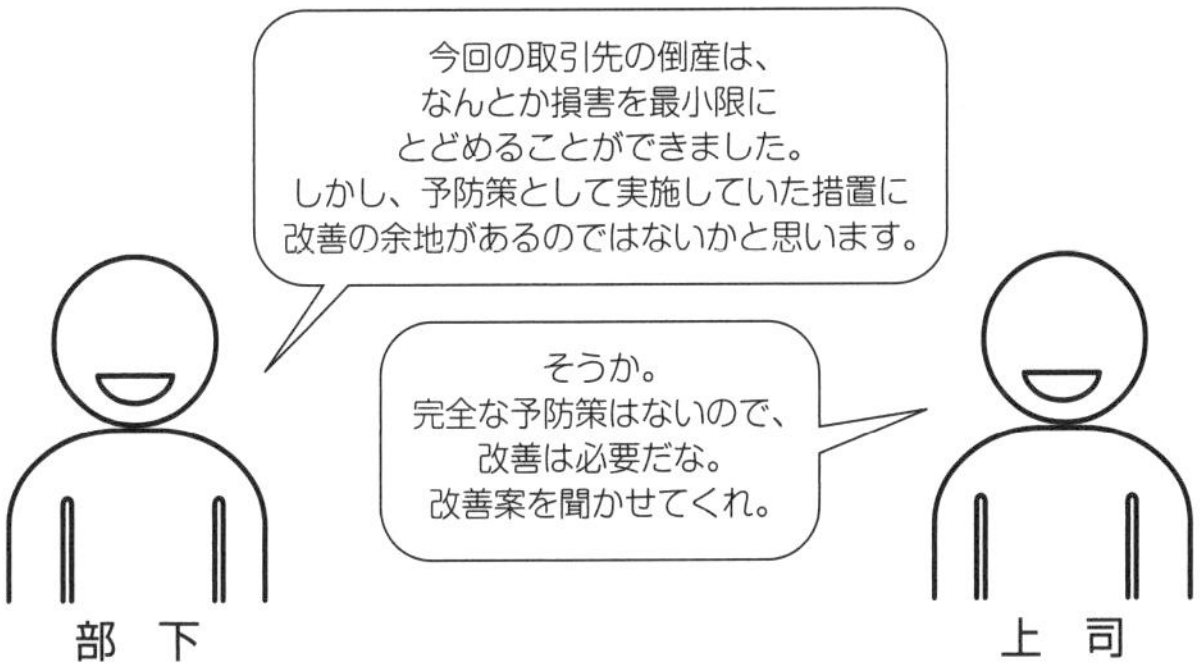
今回の取引先の倒産は、
なんとか損害を最小限に
とどめることができました。
しかし、予防策として実施していた措置に
改善の余地があるのではないかと思います。
そうか。
完全な予防策はないので、
改善は必要だな。
改善案を聞かせてくれ。
部下
上司

ることはできない。また、リスクのあるところにチャンスがある。そのため、ビジネスでは、リスクを回避するだけでは問題は解決しない。リスクの評価・分析に基づく予防は、受け身の対応ではなく、前向きの取り組みなのである。効果的な予防を行うためには、問題解決した後のレビューが重要だ。

上の事例は、取引先が倒産するというトラブルが発生し、ダメージコントロールと予防策を組み合わせて問題を解決したが、予防策に課題があると感じた担当者が上司に報告しているシーンである。

取引先の未払い、支払遅延、倒産などに対応するリスクを〝債権リスク〟と言う。この債権リスクに対する予防措置は、いくつかある。担保を取る、与信管理（あらかじめどの程度の支払い能力があるかを見定めて、その範囲で取引する）、保険などいくつかの方法があるが、完璧な方法はない。

特に、取引先の債権リスクが顕在化するのは、取引先自体が原因とは限らず、取引先の先の取引先の問題、急激な市場環境の変化などの外部要因も含まれるため、リスクを読むのが難しい。

ここで重要なのは、問題解決後、その結果をレビューし、現在の債権リスクコントロールの問題点を洗い出し、改善することだ。ＰＤＣＡサイクル（Plan、Do、Check、Action）という言葉をご存じだろうか。事業活動を円滑に進める手法である。リスクマネジメントも事業活動であり、同じ方法論が活用できる。

リスクマネジメントにおけるPlanは、リスクの洗い出し、その分析と評価（Risk Assessment）である。Doは、リスク発生の未然防止・軽減（Risk Control）とリスク発生時の資金的備え（Risk Finance）である。そして、この仕組みの効果を活かすために、定期的なモニタリングによるチェック（Check）と、課題分析と改善への継続的な取り組み（Action）が必要になる（田村次朗他、『ビジュアル解説　交渉学入門』、日本経済新聞出版社、２０１０年、１７７〜１７９ページ参照）。

ここでの事例は、Actionにおける課題分析のシーンだ。ここで、本質を見極めた課題分析をするために、模擬交渉後の過去事例のレビュー（本章エピソード39参照）で用いた手法が活用できる。

何が課題だったのか、改善するために何ができるのか、本質的な課題分析をするためには、責任追及の問題を切り離す必要がある。トラブルやクレーム発生時の交渉のアジェンダと同様に、担当者は責任追及と組み合わせて話をされると自然と防衛的になる。責任を意図的に回避したり、嘘をついたりしないまでも、意図せず誤った事実を話してしまったりする。

ある弁護士が、こんな話をしていた。

「訴訟のためのヒアリングで、正確な事実を引き出そうとする場合は、関係者にこのヒアリングは、責任問題の追及ではなく、正確な事実を確認し、訴訟の成功確率を上げるためであることを最初に言わないと難しい。ヒアリングを受けた関係者は、責任を追及されると思うと意図せず、記憶が自分に都合の良いものになったと勘違いする心理が働くからだ」

この心理は、交渉中の心理の罠によく似ている。また、正確な事実を聞き出し、オプションを増やすことが、交渉シナリオを強化し、成功確率を上げることができる。交渉学が研究している方法論は、奥が深く、交渉シーンのみならず、その後のリスクマネジメントの仕組み作りにまで応用できるのだ。

エピソード42

リスクコントロールとリスクファイナンスとは?

リスクコントロールのみでは、リスクマネジメントの仕組みができたとは言えない。なぜなら、どんなにリスクを評価し、どんなにきちんと管理しても、事業会社が自社のみで対応できることは限られているからである。

その問題を解決する方法の一つは、保険会社のようなリスクファイナンスの専門事業者とパートナー契約を締結することである。

もう一つは、取引先とのパートナー契約にリスクに関する条件を盛り込むことである。いずれの場合も、自分に都合の良い条件を相手にのませるというリスク転嫁型の交渉で

事故解決後のレビュー会議のシーン

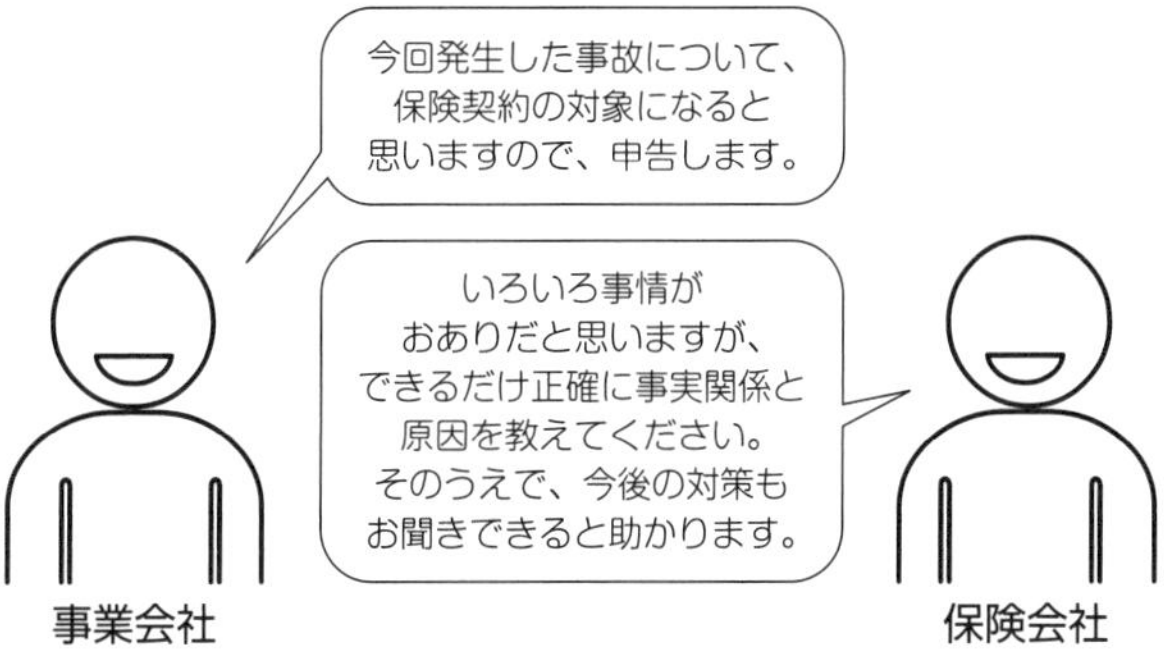
今回発生した事故について、
保険契約の対象になると
思いますので、申告します。
いろいろ事情が
おありだと思いますが、
できるだけ正確に事実関係と
原因を教えてください。
そのうえで、今後の対策も
お聞きできると助かります。
事業会社
保険会社

は、パートナーシップは成立しない。それぞれがリスクの内容を共有し、リスクをシェアするリスクシェアリング・パートナー（第1章エピソード6参照）になる必要がある。

それでは、事業会社と保険会社が、リスクシェアリング・パートナーとなった場合、どんなことが起こるのだろうか。

上の事例は、保険契約の対象となる事故が発生したため、保険会社の事故担当に報告し、事故原因をレビューしているシーンである。

もちろん、事業会社は、契約に基づき事故の内容と損害金額を保険会社に粛々と申告し、保険で補填すればよい。しかし、この行為も単なる事故処理から、次につなげる交渉にすることができるのだ。

保険契約には、通常、契約期間が定められている。契約期間の終了前には、更新するか否かの協議が行われる。この時に、最初の契約期間の実績をレビューして、次の契約期間の条件を決める。そのため、当初の契約期間の実績が重要である。

事故の発生がダメという意味ではない。もともと、リスクがあり、一定の確率で事故が発生するから保険があるのだ。たとえば、3年間で大きな事故が1〜2回程度と予想して契約条件が決まっていたとしよう。しかし、実際は、中程度の事故が5回以上起こってしまった。この場合、リスクの評価と見積もりに問題があったことになる。ただし、原因が把握されており、効果が期待される再発防止策が行われていれば、話は変わる。たとえば、発生した事故原因を分析し、リスクコントロールの方法を改善する、発生した事故から学んだ教訓を教材とし、社員に教育を実施して、リスクを低減する、などの方法である。

この事例のシーンでは、単なる事故処理ではなく、次回の契約更新の条件交渉が始まっているのだ。Win-Win関係のパートナーシップが開始されたとしても、その関係を継続することは難しい。そのため、中長期の契約においては、問題発生時の対応ルール、契約更新条件、契約終結条件の三つの分岐点がポイントになる。この三つの事象では、お互いに冷静に過去のバリューとリスクを共有できるかどうかが、良好なパートナーシップの継続や、さらに強いパートナーシップにつなげることができるか否かの分水嶺になる。契約は、締結したら終わりではないのだ。

エピソード43
リスクをチャンスに変えるマネジメントとは？

それでは、リスクをコントロールし、ファイナンスパートナーとシェアすることにより、ビジネスの価値を高める、つまり「禍転じて福となす」ことは本当に可能なのだろうか。

具体例で説明しよう。ある二つのメーカーの間でこんな交渉シーンがあった。両社は、ある技術でそれぞれが技術提携パートナーを探していた。ミッションが共有でき、QDCS（Quality：品質、Delivery：納期、入手性、Cost：価格、Service：サービス）を含め、すべてのゾーパもほぼ合意条件に達した。それぞれが交渉相手をバトナと比較して、価値があると判断しており、ぜひ組みたい、という状況になっていた。

しかし、どうしても乗り越えられない一つの壁があった。この技術は、魅力的な新技術だが、潜在的な知的財産のリスクが高い技術分野だった。そのことは、両社とも十分理解していた。知的財産は、企業の魅力的なバリューであるが、意図せず、他人の権利を侵害するリスクが必ずある。そして、大きな金額の損害になる、事故が発生する要件が複雑であるなど、保険化にもいくつか問題があった（鮫島正洋、『知財立国への挑戦　新・特許戦略ハンドブック』、商事法務、2006年、第9章「知財リスク保険化の可能性」参照）。

何度かのブレイクを挟んだ後、交渉は膠着状態が続いた。その時、A社側から、意外な提案があった。

この時、B社は初めて知ったのだが、A社はかなり進んだリスクマネジメントのシステムを社内に持っていた。そのため、一般的な会社では保険化が困難と言われた知的財産のリスクまでカバーするオーダーメイドの保険を設計していたのだ。もちろん、この保険は、自社のリスクコントロールに基づき、保険会社をパートナーとして作った自社の損失を補填するための仕組みである。しかし、これから一緒に提携しようとするパートナー候補のB社に、自社の仕組みの情報を開示し、そのうえで、協業できる可能性を広げようとした

賠償責任条件の交渉シーン

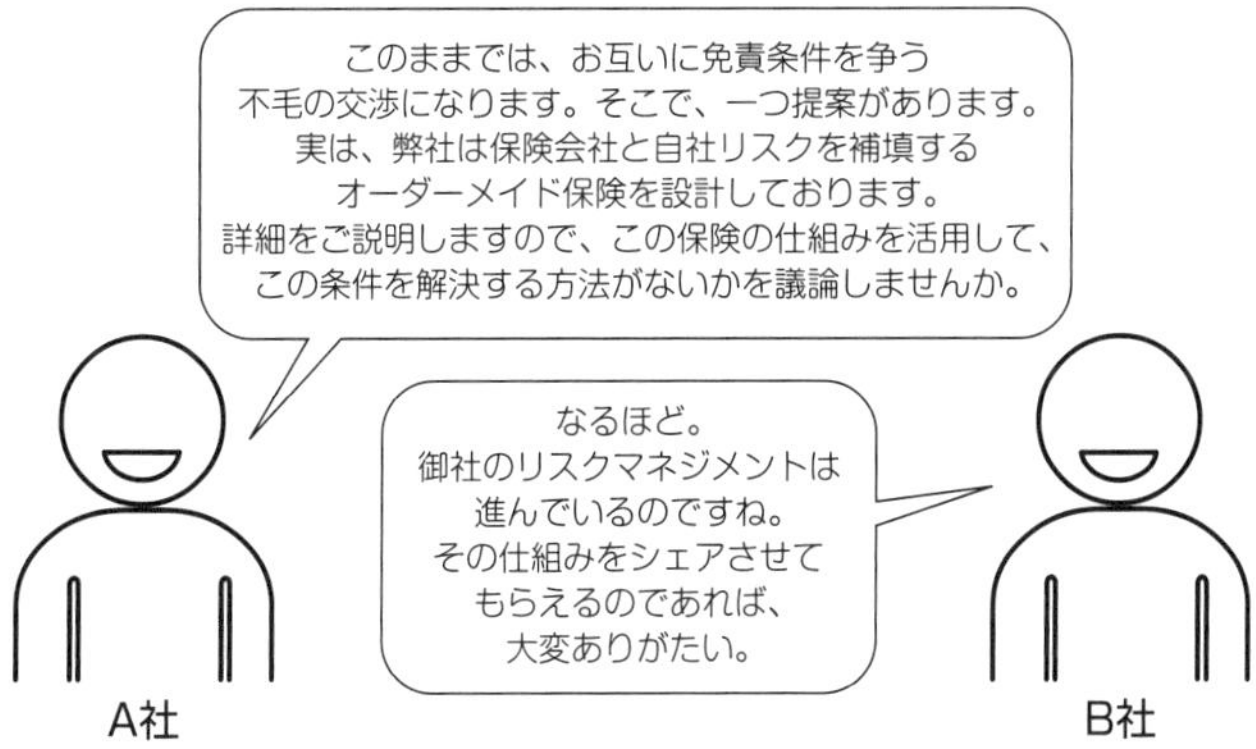
このままでは、お互いに免責条件を争う
不毛の交渉になります。そこで、一つ提案があります。
実は、弊社は保険会社と自社リスクを補填する
オーダーメイド保険を設計しております。
詳細をご説明しますので、この保険の仕組みを活用して、
この条件を解決する方法がないかを議論しませんか。
なるほど。
御社のリスクマネジメントは
進んでいるのですね。
その仕組みをシェアさせて
もらえるのであれば、
大変ありがたい。
A社
B社

のだ。

B社は、そのレベルの高さに驚くとともに、この相手と提携することの価値をより深く理解した。このように、パートナーとリスクをシェアする方法も有効な手段の一つである。さらに、その契約条件を裏打ちする保険制度のような専門会社のリスクシェアがあれば、なお、心強い。もちろん、A社は、どの相手にもこの条件を提示しているわけではない。B社のことを価値あるパートナーと考えたから、クリエイティブ・オプションとして提示したのだ。

この保険と契約を組み合わせたパートナーシップは、他のリスクについても、交渉に用

いられている例がある。

たとえば、メーカー間の提携契約（例、共同開発契約、OEM契約など）では、信頼できるパートナーには、それぞれが持っている製造物責任事故（PL事故）の保険条件に基づき、保険で補填できない条件を具体的に場合分けして、リスクをシェアするなど、保険を活用した契約を行っているケースがある。

通常、身の回りにある保険（火災保険、地震保険、自動車保険、ガン保険など）は、確率論における大数の法則に従って数理的に設計されていることが多い。

保険を金融として解釈すると、1回のハザード（Hazard、損害を発生させる状況）の発生によって生じる損害の補填を金銭的に行うために、同様のハザードが発生する可能性のある多数の保険購入者から保険料を徴収してプールし、ハザードが顕在化した保険購入者（同時多数は起きないという確率論が前提）の損失補填に活用するものである。

しかし、この事例に出てくる保険は、少し趣が異なる。金融市場には、再保険市場という市場があり、そこには特異なリスクを引き受ける投資家などを顧客に持つ保険会社が参画している。リスクを構成する要素を時間軸や地域軸などの観点から縦横に分割して、その各々が細分化されたリスクと、投資家が保有する運用資産との連動性が低い（投資家から見ると資産の分散効果が高まり、結果として資産全体の運用リスクが低くなる効果がある）ものであれば、そのリスクを引き受ける投資家が存在する可能性があるのだ。

常にあらゆるリスクを引き受ける投資家が存在することは保証されない。また、世界的な大規模大災害が発生した後には、このようなリスクを引き受ける投資家側のリスク受け入れキャパシティ（許容範囲）が減少するため、この方法は決して万能ではない。それでも、自社のリスクマネジメントの仕組みが整備されていて、リスクの縦横の分割が可能であって、こういった投資家とシェアリングをオーダーメイド保険でデザインしてくれるリスクファイナンスのパートナーを持っているのであれば、これらを有効に活用して、パートナー交渉の選択肢を広げ、新しいビジネスチャンスをつかむ方法も実在するのだ。

このように、交渉学は、交渉の成功確率を上げるための実践的な学問である。さらに、問題解決のための交渉が行われた実際のケースを分析していること、その結果に基づき、交渉能力を育成するための教育プログラムを作っていること、さらに、研究成果を仕組みに活かせばリスクマネジメントの価値を高めることができること、これらを考えるとその

図5　交渉学研究の戦略的活用例

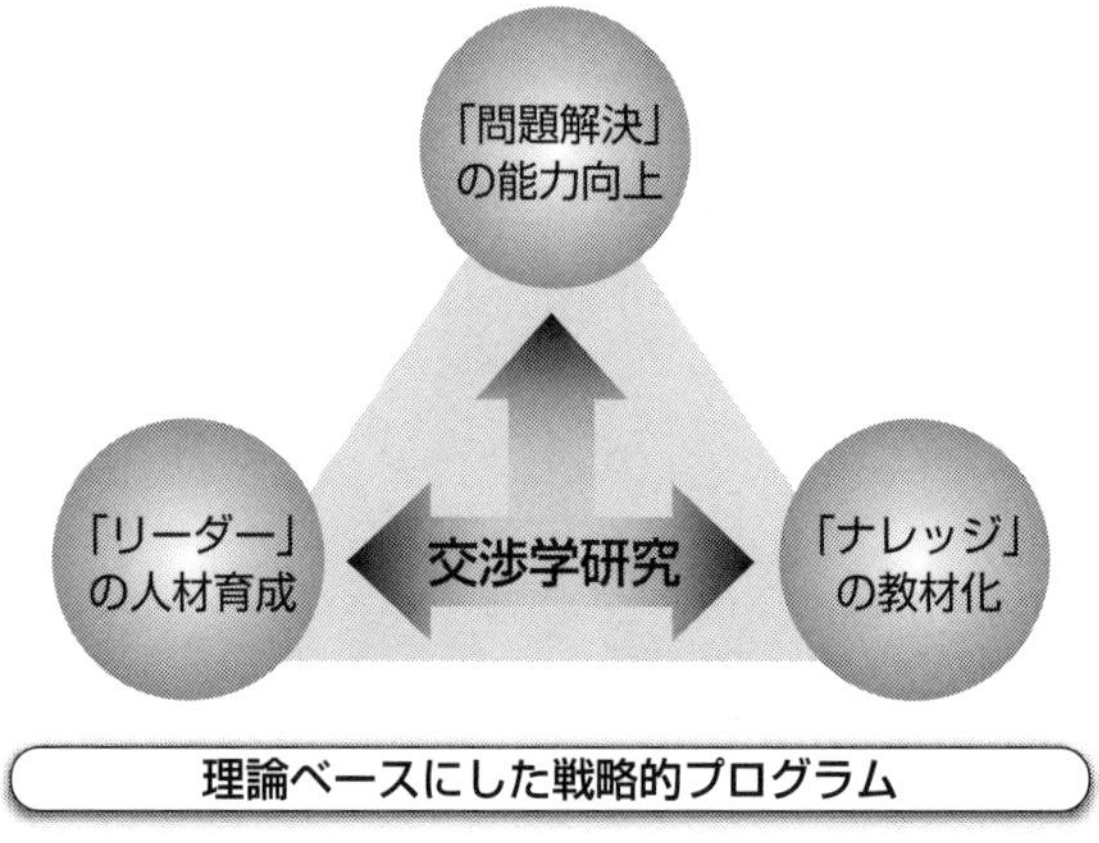
「問題解決」
の能力向上
「リーダー」
の人材育成
交渉学研究
「ナレッジ」
の教材化
理論ベースにした戦略的プログラム

奥深さがおわかりいただけるだろう。

交渉学の研究成果を活用したビジネスの交渉は、企業の戦略レベルの取り組みにできるポテンシャルがある。戦略レベルの発想を持ち、具体的な問題を乗り越えて解決するとともに、その結果をレビューする制度を持てば、人の育成、ナレッジマネジメント、リスクマネジメントの仕組み作りにまで応用できるのだ。

あとがき

私が共著者の一色正彦氏と初めて出会ったのは、2001年の秋のことである。内田・鮫島法律事務所の鮫島正洋弁護士が主催する勉強会の懇親企画があり、屋形船の中で隣り合わせたのだ。一色氏が松下電器産業（現パナソニック）の社内でつくりあげた先進的なリスクマネジメントの仕組みを勉強会で講師として紹介する回に私は出席できず、私が日本興業銀行において、金融サイドからどのように知的財産権を評価しているのかを紹介する回に一色氏は出席できず、しかし、鮫島弁護士からは「いつか紹介するので、ぜひお二人で意見交換をしてみてください」と言われていたこともあり、席につくやいなや意気投合し、リーガルとファイナンスがビジネスでどのような役割を果たすのかを熱く語ったことを今でも思い返すことができる。

ビジネス行為には契約がつきものであるし、最終的には利益を確保して事業を永続させていく行為であるがゆえに、（広義の）ファイナンスもつきものである。売買契約をし、債権回収をし、損益を確定させる。一連のビジネス行為に、リーガルとファイナンスは表裏一体で付随している。世間にはそれぞれの領域のプロフェッショナル、すなわち、弁護士・弁理士や会計士・税理士がいるし、社内にも法務部・知財部、経理部・財務部などがあるため、顧客と直接の接点を持つ第一線の営業人材がリーガルとファイナンスを「プロに任せればよい」と考えるのは無理もない。

しかし、それでよいのだろうか？　リーガルとファイナンスの本質的な側面を表裏一体のものとしてとらえたうえで、顧客と折衝し、ビジネスをするべきなのではないだろうか？結果として、事業リスクが軽減したり、ハザードが生じた場合のリカバリーにも貢献するということに、リーガル面からのアプローチで一色氏が辿りつき、ファイナンス面からのアプローチでは私が辿りついていた。屋形船で盛り上がってしまうわけである。

2001年の暮れに、慶應義塾大学での面談を終えて、三田の喫茶店で私は再び一色氏と打ち合わせをしていた。その際に、一色氏から「今後、学際的なテーマで大学院などでリスクマネジメントの講義をすることになった。リーガルとファイナンス両面からの解説をしたいので、協力してもらえないだろうか」という提案を頂戴した。

当時（今もだが）、私はインスパイアで行っているビジネスに没頭しており、かつ30歳そこそこの若造が教えると言っても果たしてどのようなものなのだろうか？という思いもあったものの、「カリキュラム設定や、学校の事務局とのやりとりなどで負担をかけることはないので」とまで言っていただいたので、「できることがあればぜひ」とお答えした。振り返れば、この喫茶店での一言は私の人生をさらに豊かにすることにつながったと感じている。

インスパイアが取り組んでいる事業開発というビジネスは、ベンチャー企業をパートナーとしている場合でも、大企業をパートナーとしている場合でも、常に柔軟な発想と創造的選択肢を求められるものである。交渉の内容も多種多様であり、結果として交渉学のケース開発にも貢献している。このようなビジネス経験を積みつつ、学際領域での活動も積極的に関与するよう指南してくれたのは、インスパイアの創業者であり、現取締役の成毛眞氏である。この場を借りて御礼申し上げたい。

交渉学という言葉を用いると、「交渉術とは何が違うのですか」「交渉の学問とはどういうことですか」という反応がかえってくることが多い。交渉学は学問であるから、体系化されているし、そのフレームワークを身につけることによって、一般に陥りやすい罠を回避できたり、見落としがちな点を忘れずにチェックできるようになる。さらに、交渉術と言われる各種テクニックが交渉においてどのような意味を持つのか、その術を用いることの可否判断の基準も持てるようになるものである。

本文でもふれているとおり、私たちは実践的教育という視点も持って、毎年・毎回の講義を改良することを心掛けてきたし、教育学や心理学など周辺関連領域の学問的成果も積極的に取り入れてきた。ロールプレイを前提とするケースワークもその一つである。大学に至るまで、ロールプレイをするような機会に恵まれず、ディベートの訓練を受けることもほとんどない日本においては、最初は戸惑う方々が大勢であるが、一つのケースを完了すると誰もがロールで設定されている役になりきって、白熱の交渉をするようになる。本書を手にして、交渉学の端緒を得た読者の皆様にも、ケースワークを体験してもらいたい。

幸いなことに、２００1年には私たち2名であった講師陣も、この10年の間に輪が広がっており、東京富士大学　経営学部の隅田浩司准教授、ＴＢＳテレビ　メディアライツ推進部の田中康之担当部長、日本電気　技術・知的財産渉外部の三好陽介マネージャー、日本アイ・ビー・エム　システムズ・エンジニアリング　データプラットフォーム推進部の大塚知彦マネージャーなど、各業界で活躍する専門家が講義を担当できるようになっている。今後もさらに輪を広げて、日本全国で交渉学の実践的教育が展開できるようにしていきたいと思っている。ここにすべての名前を掲載することはかなわないが、他にも多数の協力者が存在していて、ティーチング・アシスタントなども手弁当で協力していただいている。こういった仲間たちのおかげで本書に記述したようなエッセンスを抽出することができたのである。すべての仲間たちに深く感謝申し上げたい。

本書は『売り言葉は買うな！』という書名にした。ここまでお読みいただいた読者の皆様であれば、その前に「売り言葉を言うな！」という言葉があることにお気づきであろう。せっかく、交渉をするために貴重な時間をつかうのである。お互いを傷つけ、現在も将来も有益なことを生み出さないことに時間を消費するのはあまりにもったいない。交渉の中でふと、怒りを覚えた時には本書を思い出して、ぐっと堪えて、創造的な選択肢を提案していただくことができれば望外の喜びである。

2011年9月

高槻　亮輔

【主要参考文献リスト】

〈交渉学関連〉

1 田村次朗、一色正彦、隅田浩司、『ビジュアル解説　交渉学入門』（日本経済新聞出版社、２０１０）
2 田村次朗『交渉の戦略　思考プロセスと実践スキル』（ダイヤモンド社、２００４）
3 隅田浩司『プロフェッショナルの戦略交渉術』（日本経団連出版社、２００７）
4 ロジャー・フィッシャー、ウィリアム・ユーリー、ブルース・パットン『新版ハーバード交渉術』（ＴＢＳブリタニカ、１９９８）
5 ロジャー・フィッシャー、ダニエル・シャピロ『新ハーバード流交渉術』（講談社、２００６）
6 ＤＩＡＭＯＮＤハーバード・ビジネス・レビュー編集部『交渉からビジネスは始まる』（ダイヤモンド社、２００５）
7 ディーパック・マルホトラ、マックス・Ｈ・ベイザーマン『交渉の達人』（日本経済新聞出版社、２０１０）
8 ウィリアム・ユーリー『決定版ハーバード流ＮＯと言わせない交渉術』（三笠書房、１９９１）
9 ジム・キャンプ『交渉はノー！から始めよ』（ダイヤモンド社、２００３）
10 デービッド・Ａ・ラックス、ジェームズ・Ｋ・セベニウス『３Ｄ交渉術』（阪急コミュニケーションズ、２００７）
11 ＤＩＡＭＯＮＤハーバード・ビジネス・レビュー編集部『ハーバード・ビジネススキル講座　交渉力』（ダイヤモンド社、２００６）
12 Harvard Business Review『交渉の戦略スキル』（ダイヤモンド社、２００２）

13 マックス・H・ベイザーマン、マーガレット・A・ニール『マネージャーのための交渉の認知心理学』（白桃書房、1997）
14 平原由美、観音寺一嵩『戦略的交渉力 交渉プロフェッショナル養成講座』（東洋経済新報社、2002）

〈**思考法、発想法関連**〉
1 杉野幹人、内藤純『コンテキスト思考 論理を超える問題解決の技術』（東洋経済新報社、2009）
2 ピーター・チェックランド、ジム・スクールズ『ソフト・システムズ方法論』（有斐閣、1994）
3 永田豊志『頭がよくなる図解思考の技術』（中経出版、2009）
4 ジョン・D・スターマン『システム思考 複雑な問題の解決技法』（東洋経済新報社、2009）
5 DIAMONDハーバード・ビジネス・レビュー編集部『ハーバード・ビジネススキル講座 対話力』（ダイヤモンド社、2006）
6 渡辺隆裕『図解雑学 ゲーム理論』（ナツメ社、2004）
7 アン・ディクソン『それでも話し始めよう』（クレイン、2006）
8 トニー・ブザン、バリー・ブザン『ザ・マインドマップ』（ダイヤモンド社、2005）
9 照屋華子、岡田恵子『ロジカル・シンキング 論理的な思考と構成のスキル』（東洋経済新報社、2001）

〈**法律、知財関連**〉
1 米山茂美、渡部俊哉『日経文庫 知財マネジメント入門』（日本経済新聞出版社、2004）
2 大澤恒夫、市毛由美子、鮫島正洋『基礎から学ぶSEの法律知識』（日経BP社、2006）
3 知的財産教育協会『知的財産検定2級公式テキスト③著作権法・不競法・独禁法等』（アップロード、2006）

4　鮫島正洋『知財立国への挑戦　新・特許戦略ハンドブック』（商事法務、２００６）
5　日経ソリューションビジネス編『システム構築トラブルを回避するためのＩＴシステム契約締結の手順とポイント』（日経ＢＰ社、２００８）

〈その他〉

1　マーシュ・アンド・マクレナン・カンパニーズ・インク、マーサー・ヒューマン・リソース・コンサルティング、マーシュ・インク『明日のリスクは見えていますか』（文芸社、２００２）
2　末永國紀『近江商人三方よし経営に学ぶ』（ミネルヴァ書房、２０１１）
3　高木晴夫、竹内伸一『ケースメソッド教授法入門』（慶應義塾大学出版会、２０１０）
4　インターリスク総研『実践リスクマネジメント　事例に学ぶ企業リスクのすべて』（経済法令研究会、２００２）
5　Edgar Dale, *Audio visual methods in teaching*（*3rd ed.*），（New York, Holt, Rinehart, Winston, 1969）

【著者紹介】

一色正彦(いっしき・まさひこ)

大阪外国語大学(現大阪大学)卒業後、パナソニック(株)入社。東京大学先端科学技術研究センター先端知財人材次世代指導者育成プログラム修了。ネットワーク事業(主任)、デバイス・生産システム事業(法務課長)、教育研究(総括参事)、教育サービス事業(GM)を経て、独立。経験した国内・海外の交渉事例を、東京大学・慶應義塾大学と協力して教材化と日本人向けの教育プログラムを共同開発。大学にて、研究(専門分野:交渉学、経営法学、リスクマネジメント論、知財戦略論)と教育(担当科目:交渉学、経営法学、企業価値と知的財産、航空技術・政策・産業特論)を行うとともに、企業の交渉戦略・人材育成へのアドバイスとベンチャー企業の育成支援を行っている。

金沢工業大学大学院客員教授(大学院工学研究科 知的創造システム専攻)、東京大学大学院非常勤講師(工学系研究科)、慶應義塾大学大学院非常勤講師(経営管理研究科 ビジネススクール)・客員研究員(グローバルセキュリティー研究所)、日本知財学会正会員(知財学会誌企画・編集委員)、日本説得交渉学会正会員、パナソニック電工(株) 知的財産部アドバイザー、(株)ライトワークス アドバイザー、パナソニックラーニングシステムズ(株) 顧問、(株)グリア 顧問、(株)ミディー 顧問、合同会社IT教育研究所 役員

〈著書〉
『ビジュアル解説　交渉学入門』(共著、日本経済新聞出版社、2010年)
『新・特許戦略ハンドブック』(共著、商事法務、2006年)
『日経文庫　知財マネジメント入門』(共著、日本経済新聞出版社、2004年)他

高槻亮輔(たかつき・りょうすけ)

慶應義塾大学卒業後、(株)日本興業銀行入行。仙台支店にて、債券・預金業務、法人融資業務などコーポレート・ファイナンス全般を経験したうえで、審査部にて、流通小売業の社内アナリスト、クレジットリスク管理・統合リスク管理に関する調査・開発業務を担当。みずほフィナンシャルグループ発足時には、(株)みずほホールディングスにて、与信企画業務に関わり、新たな行内格付体系の整備を主導した。その後、(株)インターネット総合研究所では、複数の事業会社の買収や国内外のベンチャー企業への投資業務を担当した。現在は、(株)インスパイアの代表取締役社長として、イノベーションの具現化をテーマに、事業法人との資本・業務提携をベースにした新事業開発や革新的技術を有するベンチャーへのエクイティ投資などを実践している。

中小企業政策審議会組織連携部会・臨時委員やユビキタスネット社会推進協議会・メンバーとしての産業政策的活動の他、金沢工業大学大学院客員教授(大学院工学研究科 知的創造システム専攻)、慶應義塾大学福澤諭吉文明塾講師など学際的活動も行っている。

国際IT財団 評議員、日本RA(株) 代表取締役社長、(株)イード 取締役などを兼任。

〈著書〉
『日本のマクロ経済 1994年度版』(共著、多賀出版、1994年)
『雇用と経常収支の問題:日本のマクロ経済 1995年度版』(共著、多賀出版、1995年)他

売り言葉は買うな！　ビジネス交渉の必勝法

2011年11月7日　1版1刷

著　者　一色正彦
高槻亮輔

発行者　斎田　久夫
発行所　日本経済新聞出版社
http://www.nikkeibook.com/
〒100-8066　東京都千代田区大手町 1-3-7
電話（03）3270-0251（代）

印刷・製本　中央精版印刷

ISBN978－4－532－31746－1

本書を読んだ後、さらに交渉学の理論を学びたい方へ
——スタンダード・テキストの決定版！

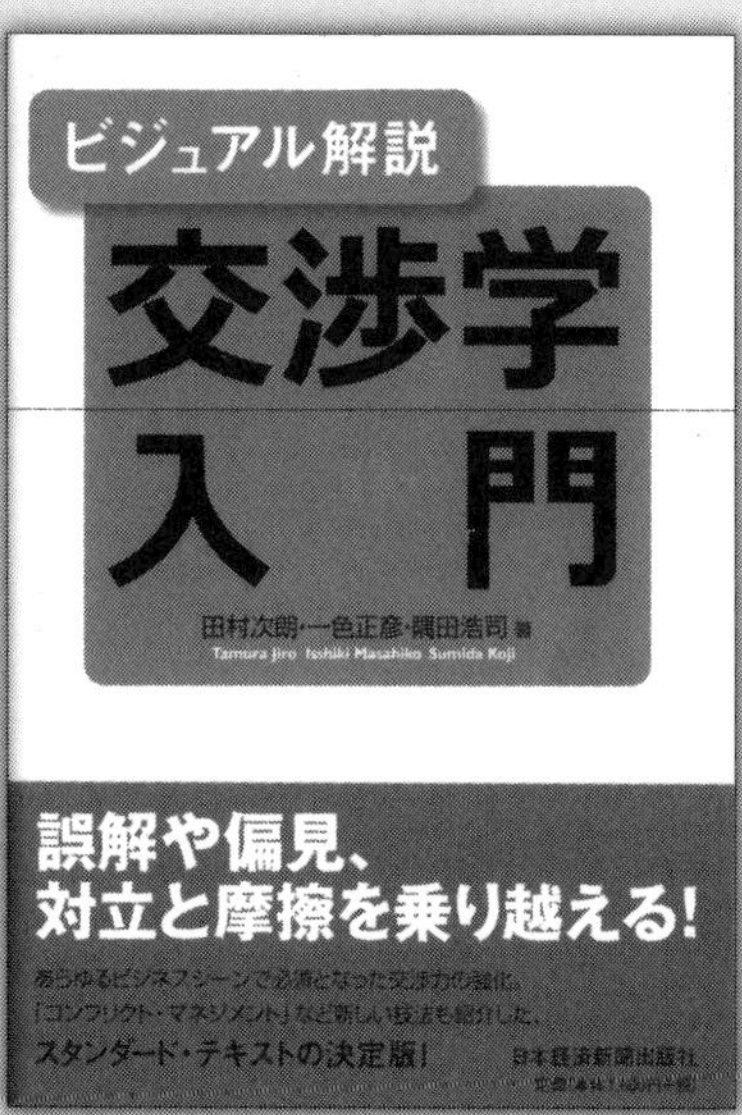

ビジュアル解説

交渉学入門

田村次朗・一色正彦・隅田浩司◆著

定価（本体1600円＋税）

ISBN978-4-532-49064-5

日本経済新聞出版社の関連書籍

日本経済新聞出版社の関連書籍

「ぷよぷよ」を作った人気ゲームクリエイターの発想力トレーニング法！

自分だけにしか思いつかないアイデアを見つける方法

“企画の魔眼”を手に入れよう

米光一成◆著

定価（本体1500円＋税）

ISBN978-4-532-49105-5

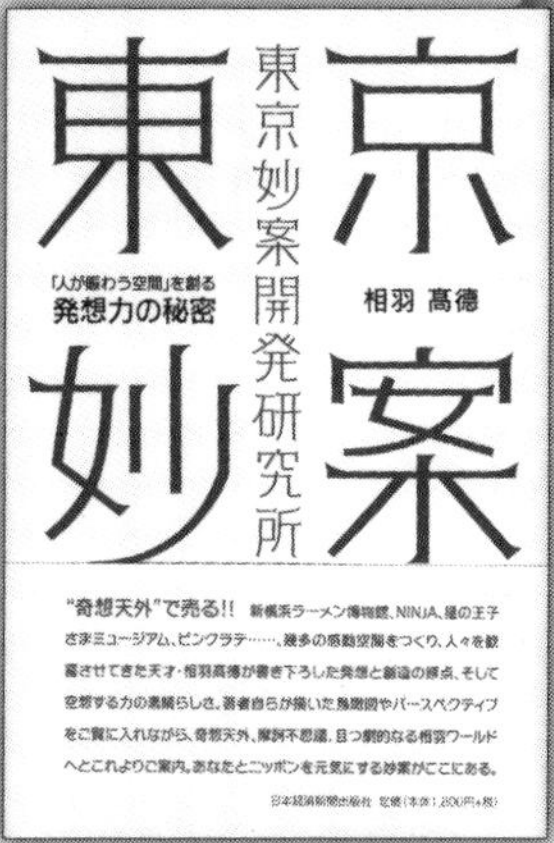

「新横浜ラーメン博物館」「星の王子さまミュージアム」はいかにして生まれたか？

東京妙案開発研究所

「人が賑わう空間」を創る発想力の秘密

相羽髙德◆著

定価（本体1800円＋税）

ISBN978-4-532-49110-9